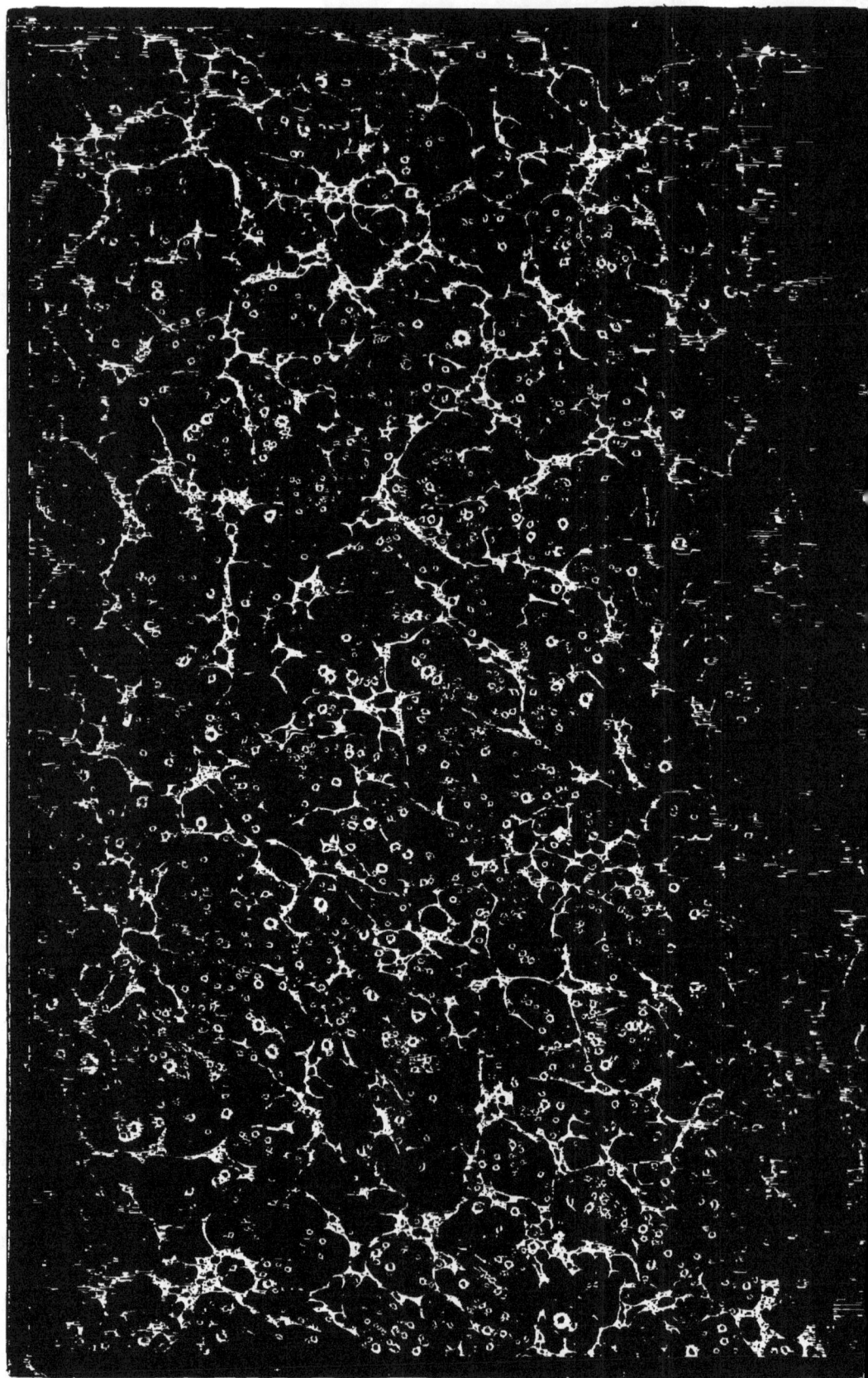

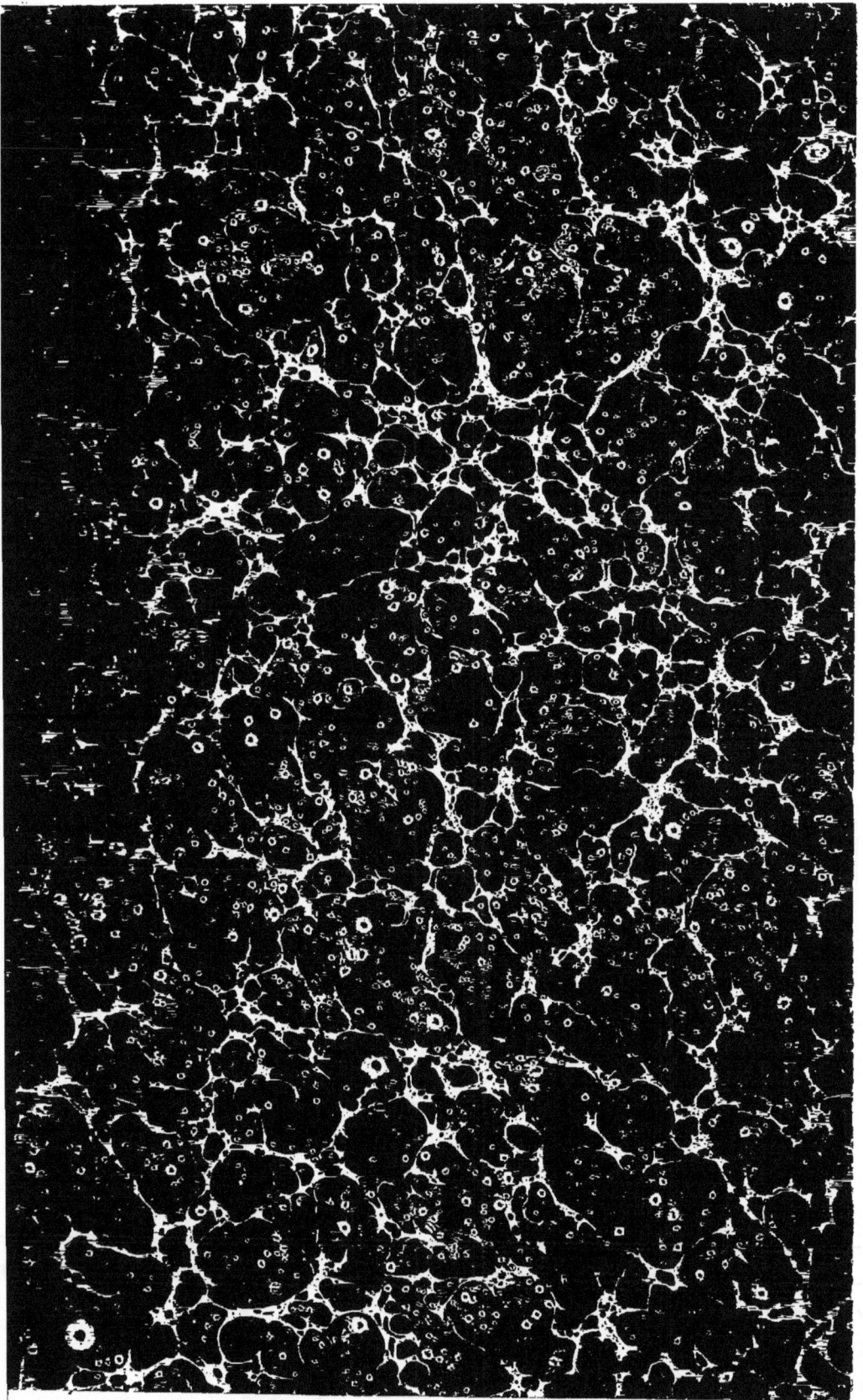

TABLE

DE LA COLLECTION DES

LOIS ET ACTES

DU

GOUVERNEMENT,

Publiés depuis le 4 Août 1789, jusqu'au 23 Prairial an 2, de la République, (10 *Juin* 1794,) époque à laquelle a commencé le Bulletin des Lois.

Prix 2 francs, et 2 francs 50 cent. franc de port.

à AMSTERDAM,

chez LA VEUVE J. DÖLL,

dans le Kalverstraat, N°. 63.

1812.

de l'Imprimerie de J. BREEMAN.

Toutes les formalités, voulues par la loi, ont été remplies.

Tous exemplaires non revêtus de l'initiale, et du paraphe ci-dessous seront réputés contrefaçon.

TABLE

DE LA COLLECTION DES

LOIS ET ACTES

DU

GOUVERNEMENT,

Par ordre Alphabétique des Matiéres.

➤ *Nota.* — Cette Collection, sortie des presses de l'Imprimerie Impériale, et publiée en 8 volumes in 8°, contient toutes les dispositions législatives émises depuis le 4 Août 1789, époque de la convocation des Etats Généraux, jusqu'au 22 Prairial an 2, (10 *Juin* 1794,) époque à laquelle à commencé la publication du *Bulletin des Lois.* — A défaut d'une Table des Matiéres, les Recherches étaient toujours longues et pénibles, souvent infructueuses: un avocat, qui avait composé celle ci pour son usage, croit rendre un service au public en la publiant.

Le chiffre romain indique le volume, et le chiffre arabe indique la page.

∿∿∿∿∿∿∿∿∿∿∿∿∿∿∿∿∿

A.

Abbayes. Voy. *Communautés étrangéres.*
Abolition. Voy. *Peines.*
Absens. Voy. *Dépositaires.*
Académies. Loi qui supprime la place de Directeur de l'Académie de france de *peinture, sculpture,* et *architecture,* établie à Rome, et suspend les remplacemens et les nominations dans toutes les Académies de france. (23 *Novembre* 1792) VI. p. 339.

Aca

(29 *Septembre* 1791. *sur décret des* 20 *Août*, 2, 3, 4, 15 *Septembre* 1791.) IV. p. 290.

Administration. Voy. *Frais d'administration, Marine et Ports.*

——— *des Domaines.* Voy. *Domaines.*

——— *publique.* *Loi* relative aux Directeurs des diverses administrations publiques. (5 *Février* 1793.) VI. p. 404.

Affaires Etrangéres. (*Bureau des*) *Loi* contenant une nouvelle organisation des bureaux du département des affaires étrangéres. (28 *Frimaire* an 2.) VIII. p. 150.

Affiches. *Loi* qui régle la couleur des affiches. (28 *Juillet* 1798. *sur décret du* 22 *du même mois.*) III. p. 445.

Age. Voy. *Juge de paix.*

Agens Comptables. *Loi* relative à la réddition des comptes des agens comptables mis en état d'arrestation. (21 *Floréal* an 2.) VIII. p. 472.

——— *de change.* *Loi* sur les difficultés qui s'élévent dans les tribunaux, relativement aux agens de change. (29 *Juillet* 1792, *sur décret du* 27 *du même mois.*) VI. p. 24.

——— *du trésor public.* *Loi* contenant désignation du tribunal auquel sont renvoyées les actions ci-devant pendantes au conseil ou dans d'autres tribunaux, relativement aux contrôleurs des bons d'état et à l'agent du trésor public. (12 *Août* 1791, *sur décret du* 8 *Août* 1791.) IV. p. 88.

——— Voy. *Comptes.*

Agiotage. Voy. *Assignats.*

Agriculture. *Loi* relative à l'agriculture. (12 *Juin* 1791, *sur décret du* 5 *du même mois.*) III. p. 284.

Aides. *Loi* portant suppréssion des droits d'aides, des maitrises et jurandes et des établissemens de patentes (17 *Mars* 1791 *sur décret du* 2 *du même mois.*) III. p. 2.

Aides. Voy. *Jurandes et maitrises*

Ai-

de ceux ci-devant concédés. (21 *Septembre* 1790.) Ier. p. 425.

▬▬ *Loi* portant suppréssion des apanages. (6 *Avril* 1791, *sur décrèt des* 13 *Août*, 20 *et* 21 *Décembre* 1790.) III. p. 57.

▬▬ Voy. *Domaines nationaux et rentes.*

Appel. Voy. *Jugemens prévotaux.*

Appendice. Voy. *Code civil.*

Appointemens. Voy. *Retraite.*

Approvisionnemens. *Loi* sur le mode de délivrance des Approvisionnemens pour les vaisseaux. (16 *Pluviôse* an 2.) VIII. p. 302.

▬▬ Voy. *Armées, ports, poudres et salpêtres.*

Arbitrage. Voy. *Arbitres.*

Arbitres. *Loi* relative aux fonctions d'arbitres. (6 *Germinal* an 2.) VIII. p. 439.

Arbres. Voy. *Routes.*

Archives nationales. *Loi* relative aux archives nationales, (12 *Septembre* 1790, *sur décrèt des* 4 *et* 7, *du même mois.*) Ier. p. 421.

▬▬ *Loi* relative aux archives de la république. (10 *Octobre* 1792.) VI. p. 312.

Armée. *Loi* relative aux vivres et fourrages de l'armée. (7 *Septembre* 1791, *sur décrèt des* 30 *Mars et* 21 *Avril même année.*) IV. p. 163.

▬▬ *Loi* relative aux subsistances et fournitures, pour les armées. (13 *Novembre* 1792.) VI. p. 363.

▬▬ *Loi* qui détermine les mesures à prendre pour assurer le recrutement et les approvisionnemens des armées, et pour prévenir et punir la désertion et la vente des armes, par les soldats volontaires. (28 *Mars* 1793.) VI. p. 473.

▬▬ (*Police de l'*) *Loi* qui défend de recevoir des déserteurs après le coup de retraite. (13 *Brumaire* an 2.) VIII. p. 38.

Ar-

Armée. Voy. *Femmes, fournitures, masses et service de santé.*

—— *navale.* *Loi* relative à l'armée navale de la république. (25 *Janvier* 1793.) VI. p. 395.

—— *révolutionnaire.* *Loi* relative aux commissaires du conseil exécutif révoqués, et aux citoyens incorporés dans les armées soi-disant révolutionnaires. (27 *Frimaire* an 2.) VIII. p. 159.

Armemens. Voy. *Course.*

Armes. Voy. *Importation.*

Armoieries. Voy. *Confiscation.*

Arquebusiers. *Loi* qui déclare biens nationaux, les biens meubles, et immeubles ci-devant possédés par les compagnies d'arquebusiers ou autres corporations. (24 *Avril* 1793.) VII. p. 29.

Arrêtés des représentans du peuple en mission. Voy. *Représentans du peuple.*

Arrêts de propre mouvement. Voy. *Recours.*

—— *Loi* relative à la manière d'expédier les arrêts du ci-devant parlement de Paris. (23. *Octobre sur décrêt du* 19 *du même mois.*) II. p. 30.

Arsenaux de la marine. Voy. *Travaux.*

Artillerie. *Loi* concernant l'avancement du corps de l'artillerie. (27 *Avril* 1791 *sur décrêt du* 16 *du même mois.*) III. p. 135.

—— *Loi* relative à l'augmentation faite au corps d'artillerie, de neuf compagnies de canonniers à cheval. (26 *Avril* 1792, *sur décrêt du* 17 *du même mois.*) V. p. 332.

Arts. (Productions des) Voy. *Exportation.*

—— *et Métiers.* *Loi* relative au bureau de consultation des arts et métiers. (4 *Janvier* 1793.) VI. p. 375.

—— Voy. *Communautés.*

Artisans. *Loi* relative aux assemblées d'ouvriers et ar-
tij-

Avoués. *Loi* relative aux avoués, à la taxe des procédures faites dans les anciens tribunaux, et à la forme
à observer à l'avenir dans les inventaires, partages
et liquidations, qui pourront intérésser les absens.
(11 *Fevrier* 1791, *sur décrêt du 29 Janvier précédent.*) II. p. 386.

—— Voy. *Officiers ministériels, et organisation judiciaire.*

B.

Baleine. Voy. *Pêche.*

Balisage. Voy. *Régisseur des douanes.*

Balises. Voy. *Phâres.*

Banquiers retirés. Voy. *Négocians.*

Barbarie. Voy. *Levant.*

Batimens. Voy. *Etats unis.*

—— *ennemis.* Voy. *Prisonniers de guerre.*

—— *nationaux.* *Loi* relative aux bâtimens nationaux,
dans lesquels les commandans, ordonnateurs, et
autres officiers de la marine, ont des lôgemens. (22
Août 1792.) VI. p. 107.

—— *sous pavillon français.* — Voy. *Congés.*

—— Voy. *Corps administratifs et emplacemens.*

Baux. *Loi* qui règle la forme et la durée des baux
faits ou à faire par les corps, maisons ou communautés, tant eclésiastiques que laïques, auxquels
l'administration de leurs biens à été provisoirement
conservée. (11 *Fevrier* 1791, *sur décret du 5 du même mois.*) II. p. 387.

—— *Loi* qui déclare nuls les baux de biens appar-
tenans aux ci-devant ordres de chevalerie, aux corporations et aux colléges, qui ont été passés par an-
ticipation posterieurement au 2 Novembre 1789. (10
Mai 1793.) VII. p. 54.

Baux.

Biding. *Loi* qui réunit les communes de *biding*, *d'en-ting* et de la partie allemande de *Lelling-empire*, à la repub. française. (20 *Mars* 1793.) VI. p. 467.

Biens abandonnés. *Loi* qui prescrit les moyens de pouvoir à la culture des terres négligées, ou abandonnées par les propriétaires ou fermiers. (16 *Septembre* 1793.) VII. p. 399. Voy. *Salines.*

—— *communaux.* *Loi* qui abolit les procès criminels et des jugemens rendus, sous prétexte de violation des lois relatives aux grains et aux biens communaux. (3 *Septembre* 1792.) VI. p. 177.

—— *Loi* qui détermine le mode de partage, des biens communaux. (10 *Juin* 1793.) VII. p. 121.

—— *Loi* interprétative d'un article de celle du 10 Juin 1793. sur le mode de partage des biens communaux. (8 *Août* 1793.) VII. p. 267.

—— *Loi* relative au mode de partage des biens communaux. (19 *Brumaire* an 2.) VIII. p. 45.

—— *Loi* qui maintient provisoirement les baux des bois et forêts, dans la propriété desquels les communes sont rentrées ou rentreront à l'avenir. (8 *Pluviôse* an 2.) VIII. p. 285.

—— *confisqués.* Voy. *Confiscation.*

—— *de la couronne.* Lettres patentes du Roi. (21 *Septembre* 1790.) Ier. p. 428.

—— *des Emigrés.* Voy. *Baux* et *domaines nationaux.*

—— *des inscrits sur la liste des emigrés.* Voy. *Inscrits.*

—— *du clergé.* Proclamation du Roi, qui met à la disposition de la nation les biens des eclésiastiques. (4 *Novembre* 1789, *sur décrêt du 2 du même mois.*) Ier. p. 21.

—— Lettres patentes du Roi, sur le décrêt relatif aux ventes des biens du clergé, et des établissemens publics. (14 *Octobre* 1790.) II. p. 8.

—— *Loi* qui accorde aux acquéreurs des biens retirés par la nation des mains du ci-devant clergé,

la

la faculté de résilier leurs baux. (15 *Frimaire* an 2.) VIII. p. 119.

Biens nationaux. *Lettres patentes du Roi*, sur la vente de 400 millions de domaines nationaux. (14 17 *Mai* 1790) Ier. p. 203.

—— *Lettres patentes du Roi*, concernant l'administration des biens déclarés à la disposition de la nation, l'abolition des dîmes, et la continuation de leur perception pendant 1790, et la manière dont il sera pourvu aux frais de culte, à l'entretien des ministres des autels, au soulagement, des pauvres et aux pensions des eclésiastiques. (14, 20 *et* 22 *Avril* 1790.) I. p. 176.

—— *Lettres patentes du Roi*, sur le décrêt de l'assemblée nationale, des 25, 26, 29 Juin, et 9 Juillet 1790, concernant l'aliénation de tous les domaines nationaux. (25 *Juillet* 1790.) Ier. p. 250.

—— *Loi* sur la désignation des biens nationaux, à vendre des à présent, leur administration, &c. (5 *Novembre* 1790, *sur décrêt des* 23 *et* 28 *Octobre précédens*,) II. p. 90.

—— *Loi* contenant interprétation du décret du 3 *Mai* 1790, sur la vente des biens nationaux. (18 *et* 19 *Novembre* 1790.) II. p. 146.

—— *Loi* relative aux fermiers de biens nationaux, dont les baux sont en denrées, et aux redevables de rentes de même nature. (16 *et* 23 *Fevrier* 1791.) II. p. 439.

—— *Loi* relative à la vente des biens nationaux. (30 *Mai* 1791 *sur décrêt du* 24 *Fevrier précédent.*) III. p. 53.

—— *Loi* relative aux acquéreurs de bien nationaux. (4 *Mai* 1791, *sur décrêt du* 27 *Avril précédent.*) III. p. 174.

—— *Loi* portant prorogation de délai, en faveur des acquéreurs de biens nationaux. (29 *Avril* 1792, *sur décrêt du* 25 *Avril.*) V. p. 331.

Bien

Biens nationaux. **Loi** relative aux frais. d'estimation des biens nationaux. (11 *Août* 1792.) VI p. 43.

———— **Loi** relative aux sommes dûes par les acquéreurs des biens nationaux, et qui n'auraient pas été acquittées à l'echéance fixée par la loi. (30 *Août* 1792.) VI. p. 160.

———— **Loi** qui accorde un délai pour le payement du premier terme du prix des adjudications des biens nationaux. (13 *Septembre* 1792.) VI. p. 237.

———— **Loi** relative au seiziéme accordé aux municipalités sur les reventes des biens nationaux. (17 *Novembre* 1792.) VI. p. 330.

———— **Loi** relative aux acquisitions des domaines nationaux, faites dans le courant de 1793. (8 *Janvier* 1793.) VI. p. 389.

———— **Loi** relative aux acquéreurs de biens nationaux. (17 *Janvier* 1793, *sur décrêt des* 13 *et* 17 *du même mois.*) VI. p. 394.

———— **Loi** qui ordonne la division et la vente par lots séparé, des chateaux et autres grandes propriétés, nationales situés dans les campagnes et dans les villes. (4 *Avril* 1793.) VII. p. 2.

———— **Loi** relative à la vente des meubles et immeubles, provenant des emigrés, et autres effets nationaux. (24 *Avril* 1793.) VII. p. 23.

———— **Loi** relative aux taxes dues aux experts pour l'estimation des biens nationaux, et aux salaires dus pour frais relatifs à la vente desdits biens. (6 *Juin* 1793.) VII. p. 115.

———— **Loi** qui défend de procéder à la revente des biens nationaux, sur folle enchère. (9 *Juillet* 1793.) VII. 185.

———— **Loi** qui proroge le délai accordé aux acquéreurs de biens nationaux, pour obtenir, en se libérant, une prime d'un demi pour cent. (13 *Septembre* 1793.) VII. p. 394.

Biens nationaux. *Loi* portant que les baux des biens nationaux produisant des grains, du foin ou des légumes à gousse seront payés en nature. (16 *Brumaire* an 2.) VIII. p. 126.

—— *Loi* qui déclare communes à tous les biens nationaux, les dispositions de la loi du 3 Juin, sur le mode de vente des biens des émigrés. (2 *Frimaire* an 2.) VIII. p. 56.

—— *Loi* qui prescrit la forme de procéder contre les prévenus de malversations dans la garde, régie, ou vente des biens appartenant à la république. (7 *Frimaire* an 2.) VIII. p. 83.

—— *Loi* qui déclare communs à tous les biens nationaux les termes de paiement fixés pour les biens des émigrés. (4 *Nivôse* an 2) VIII. p. 184.

—— *Loi* relative aux biens nationaux, dont la propriété indivise appartient à la république et à des citoyens. (9 *Nivôse* an 2.) VIII. p. 192.

—— *Loi* relative au mode d'exécution de celle du 7 Frimaire an 2, concernant les délits dans la garde, régie, ou vente des biens et effets nationaux. (12 *Nivôse* an 2.) VIII. p. 195.

—— *Loi* relative à la faculté de renoncer aux adjudications de biens nationaux, dans lesquels étaient compris des droits supprimés. (19 *Ventôse* an 2.) VIII. p. 392.

—— *Loi* interprétative de l'article XVII de celle du 15 Frimaire II, sur la résiliation des baux de biens nationaux. (21 *Floréal* an 2.) VIII. p. 476.

—— Voy. *Administration et régie, aliénations conditionnelles, arquebusiers, prescription, rentes et vente de bien nationaux.*

—— (acquéreurs de) Voy. *Dimes inféodées.*

—— (acquisitions de) Voy. *Communes.*

Billets. Voy. *Timbre.*

—— *au porteur.* Extrait de la loi du 8 *Novembre* 1792,

1792, sur les billets au porteur, les billets de con-
. fiance. &c. VI. p. 326.

Billets de caisse. **Loi** qui ordonne la remise d'un état
des billets de caisse en circulation au 17 Avril 1790.
(11 *Ventôse* an 2.) VIII. p. 387.

Bois. *Proclamation du Roi*, relative à la conservation des forêts et des bois (3 *Novembre* 1789.) I.
p. 19.

—— *Lettres patentes du Roi*, relatives à la conver-
sation et à la sauvegarde des forêts, bois &c. (*Décembre* 1789.) I. p. 49.

—— *Lettres patentes du Roi*, comprenant les dispositions pour prévenir et arrêter les abus relatifs aux
bois et forêts domaniaux, et dependant d'établissemens
ecclésiastiques. (26 *Mars* 1790, *sur décrêt du* 18.)
I. p. 150.

—— *et forêts.* **Loi** relative à la poursuite des délits
commis dans les bois et forêts. (25 *Décembre* 1790,
sur décret du 19 *du même mois.*) II. p. 283.

—— **Loi** relative aux ventes et adjudications des bois
nationaux. (19 *Janvier* 1791, *sur décret du* 15 *du
même mois.*) II. p. 349.

—— *nationaux.* **Loi** relative à la vente des bois appartenant au ci-devant domaine, et aux corps ecclésiastiques. (11 *Avril* 1793.) VII. p. 14.

—— Voy. *Marine.*

Bois communaux. **Loi** relative au mode de partage des
coupes des bois communaux. (26 *Nivôse* an 2.) VIII.
p. 237.

Bourses. Voy. *Colléges.*

Brulement des titres féodaux et mixtes. Voy. *Féodalité.*

Bons d'état. Voy. *Agent du trésor public.*

Bouchers. Voy. *Etal.*

Bourg. Voy. *Dénomination.*

Bourreaux. Voy. *Traitement.*   *Bou-*

Boutiques. Voy. *Contribution mobilière.*

Brevêts d'invention. *Loi* relative aux découvertes utiles et aux moyens d'en assurer la propriété aux auteurs. (7 *Janvier* 1791, *sur décrêt du* 31 *Décembre précédent.*) II. p 323.

—— *Proclamation du Roi*, sur plusieurs brevêts d'invention. (2 *Mai* 1792.) V. p. 336.

—— *Loi* relative aux brevêts d'invention, délivrés pour des établissemens de finance. (27 *Septembre* 1792.) VI. p. 3c5.

Bruxelles. *Loi* qui réunit à la république française les ville, faubourgs et banlieue de Bruxelles. (1er *Mars* 1793.) VI. p. 433.

Bureau de conciliation. Voy. *Citations.*

C.

Cabotage. (grand) Voy. *Fret* (droit de)

Cachalot. Voy. *Pêche.*

Cadastre. Voy. *Contributions.*

Caisse de l'extraordinaire. *Loi* relative à la maniére de former les actions relatives à la caisse de l'extraordinaire. (8 *Juin* 1792, *sur décrêt du* 29 *Mai précédent.*) V. p. 411.

—— *Loi* qui supprime la caisse de l'extraordinaire, et la réunit à la trésorerie nationale. (4 *Janvier* 1793, *sur décrêt du* 31 *Décembre* 1792, *et dit jour* 4 *Janvier.*) VI. p. 376.

—— *Loi* relative aux dépôts faits à la ci-devant caisse de l'extraordinaire. (24 *Mai* 1793.) VII. p. 86.

Caisse d'escompte. *Loi* relative aux billets de la caisse d'escompte, et autres papiers-monnaie. (25 *Août* 1792.) VI. p. 119.

—— *Loi* qui supprime la caisse d'escompte et différentes autres associations. (24 *Août* 1793.) VII. p. 304.

Ca-

Caisse des fermiers généraux. Voy. *fermiers généraux.*

Calendrier. *Loi* qui fixe l'époque à laquelle les opérations des différentes administrations seront réglées suivant le calendrier républicain. (1er *Brumaire* an 2.) VIII. p. 1re.

———— *Loi* sur l'ère, le commencement et l'organisation de l'année, et sur les noms des jours et des mois. (4 *Frimaire* an 2.) VIII. p. 57.

———— *Instruction* sur l'ère de la république, et sur la division de l'année, décrétée par la convention nationale, pour être mise à la suite du décrêt. VIII. p. 60.

———— Voy. *Etat civil et jurés.*

Canal des deux mers. *Loi* relative à la circulation des grains par le canal des deux mers. (18 *Octobre* 1792.) VI. p. 314.

Canaux. *Loi* relative aux sociétés particulières établies pour construction de canaux et autres établissemens d'utilité publique. (1er *Pluviôse* an 2., VIII. p. 241.

———— Voy. *Digues et navigation.*

Cap de bonne espérance. *Loi* relative au commerce au-delà du cap de bonne espérance, et aux colonies françaises, (6 *Juillet* 1791, *sur décrêt de l'assemblée nationale du* 20 *Juin* 1791.) III. p. 314.

Capacité. Voy. *Faculté de disposer.*

Cartons. *Loi* qui défend d'exporter les cartons à l'étranger. (20 *Vendémiaire* an 2.) VII. p. 468.

Cassation. *Loi* qui fixe le lieu des séances du tribunal de cassation. (20 *Mars* 1791, *sur décrêt de l'assemblée nationale, du* 13 *Mars* 1791.) III. p. 27.

———— *Loi* relative au tribunal de cassation, (17 *Avril* 1791, *sur décrêt du* 4 *Avril* 1791.) III. p. 107.

———— *Loi* qui déclare sujets à cassation les jugemens du tribunal criminel établi au palais à Paris. (15 *Novembre* 1792.) VI. p. 329.

Cassation. *Loi* relative au délai accordé pour se pouvoir en cassation contre les jugemens rendus par les tribunaux de la corse. (22 *Août* 1793.) VII. p. 288.

—— *Loi* qui fixe [les délais accordés aux gens de mer pour se pouvoir en cassation des jugemens rendus contre eux, en dernier ressort, pendant leur absence. (2 *Septembre* 1793.) VII. p. 361.

—— *Loi* qui autorise le tribunal de cassation à se diviser en trois sections. (29 *Septembre* 1793.) VII. p. 435.

—— *Loi* qui détermine les nullités pour lesquelles il y a lieu à cassation des jugemens en matière criminelle. (1er *Brumaire* an 2.) VIII. p. 2.

—— *Loi* qui fixe les délais pour se pourvoir en cassation en matiére civile. (1er *Frimaire* an 2.) VIII. p. 53.

—— *Loi* qui accorde aux citoyens détenus arbitrairement ou en vertu de jugemens antérieurs au 14 Juillet 1789, la faculté de se pourvoir en cassation. (11 *Nivôse* an 2.) VIII. p. 193.

—— *Loi* qui détermine de nouveaux cas pour lesquels il y a lieu à cassation en matière criminelle. (28 *Ventôse* an 2.) VIII. p. 418.

—— *Loi* qui détermine les cas ou les jugemens peuvent et doivent être annullés en matiére civile. (4 *Germinal* an 2.) VIII. p. 420.

—— Voy. *Procédures criminelles.*

—— (*Création de la cour de*) Voy. *Tribunal de cassation.*

Catholiques. (enfans nés de) et de protestans. Voy. *Mariage.*

Caution. Voy. *Exécution.*

Célébration. Voy. *Mariage.*

Cens. *Loi* relative au rachat successif et séparé des droits casuels non supprimés, des droits fixes. &c. (20 *Août* 1792.) VI. p. 97.

Cer-

Certificats. **Loi** relative aux certificats de résidence à fournir par les porteurs de brevêts de pensions.)20 *Janvier* 1792, *sur décrêt du* 17 *Janvier* 1792.) V. p. 250.

——— **Loi** relative aux certificats de résidence, et aux attestations à donner par les payeurs aux parties prenantes. (10 *Fevrier* 1792, *sur décrêt du* 4 *Fevrier* 1792.) V. p. 255.

——— **Loi** relative aux certificats de résidence à fournir par les militaires en activité de service, pour recevoir au trésor public. (27 *Juin* 1792, *sur décrêt du* 23 *du même mois.*) V. p. 425.

——— **Loi** relative à l'enregistrement des certificats de résidence.) 9 *Ventôse* an 2.) VIII. p. 387.

Chambres de commerce. Voy. *Comptabilité.*

Chambres des comptes. **Loi** relative à la levée des scélés apposés sur les grèffes des ci-devant chambre des comptes, et autres tribunaux qui en faisaient les fonctions. (19 *Août* 1792.) VI. p. 95.

——— Voy. *Comptabilité.*

Chancélleries. **Loi** relative aux chancélleries établies près des tribunaux de district, pour le sceau des lettres de ratification. (4 *Fevrier* 1791, *sur décrêt du* 27 *Janvier précédent.*) II. p. 362.

Chanoines. Voy. *Religieux.*

Chanvre. Voy. *Exportation.*

Chapelles. **Loi** relative aux chapelles erigées en titre bénéfices, et desservies dans les maisons particulières. (4 *Septembre* 1792.) VI. p. 204.

Chapitres. **Loi** relative aux chantres musiciens, officiers et employés écclésiastiques et laïques des chapitres supprimés, (1er *Juillet* 1792, *sur décrêt des* 23 *et* 24 *Juin* 1792.) VI. p. 5.

Charges Voy. *Maison du Roi.*

Chargés d'affaires. Voy. *Assignats.*

Cha-

Charité. Voy. *Atteliers de charité.*

Chasse. *Lettres patentes du Roi*, concernant la chasse, (22, 23, et 28, 30 *Avril* 1790.) I. p. 183.

—— (poursuite pour délits de) *Lettres patentes du Roi*, données à Saint-Cloud, (25 *Juillet* 1790.) Ier p. 250.

—— (délits de) Voy. *Droits féodaux.*

—— Voy. *Pêche.*

Chatelet. (commissaire au) *Loi* relative aux scélés apposés par les commissaires au ci-devant châtelet, et aux comptes, partages, liquidations et adjudications de biens (9 *Fevrier* 1791, *sur décrêt du* 29 *Janvier précédent.*) II. p. 367.

Chevalerie. Voy. *Ordres.*

Chevaliers. Voy. *Malte.*

Chevaux. Voy. *Exportation.*

—— *Loi* qui supprime les droits d'entrée sur les chevaux venant de l'étranger. (16 *Avril* 1793.) VII. p. 16.

—— *de réforme.* *Loi* qui prescrit le signe dont seront marqués les chevaux de réforme. (23 *Septembre* 1793.) VII. p. 418.

Chiffes. Voy. *Exportation.*

Chiffons. Voy. *Exportation.*

Circulation de grains, denrées, &c. Voy. *Exportation, frontières,* et *grains.*

Citations. *Loi* relative aux citations faites devant les bureaux de conciliation de la ville de Paris. (13 *Novembre* 1791, *sur décrêt du* 21 *Septembre* 1791.) V. p. 195.

Citoyen actif. *Lettres patentes du Roi*, relatives à la fixation du prix des journées de travail pour être citoyen actif. (16 *Janvier* 1790.) Ier. p. 104.

—— *Lettres patentes du Roi*, relatives à la détermination de la valeur locale de la journée de travail, pour la formation de la liste des citoyens actifs. (12 *Fevrier* 1790.) Ier p. 105.

Clas-

Code. Loi sur le Code monétaire. (7 *Septembre* 1792.) VI. p. 211.

—— *Loi* contenant le Code pénal militaire pour toutes les troupes de la République en temps de guerre. (12 *Mai* 1793.) VII. p. 69.

—— *Rural.* Voy. *Police rurale.*

Coiselage. (droit de) Voy. *Paturage.*

Colléges. Loi relative à la vente des biens formant la dotation des Colléges et autres établissements d'instruction publique. (8 *Mars* 1793.) VI. p. 446.

—— *Loi* relative à la nomination aux bourſes vacantes dans les Colléges. (5 *Mai* 1793.) VII. p. 39.

—— Voy. *Congrégtions et traitemens.*

Colombier. Voy. *Droits feodaux.*

Colonies. Loi sur l'Expédition des ouvrages neufs d'orfévrerie et de jouaillerie dans les Colonies. (7 *Décembre* 1792.) VI. p. 359.

—— Voy. *Denrées coloniales, Dépenses de la marine et des colonies, Emigrés, et importation.*

Combat. Loi qui prescrit la conduite à tenir par les commandans des vaisseaux français devant les vaisseaux ennemis. (14 *Pluviose* an 2.) VIII. p. 294.

Comestibles. Voy. *Marchandises ennemies et maximum.*

Command. (Declaration de) *Loi* relative aux déclarations de command ou élection d'ami. (16 *Octobre* 1791. sur *décrêt du* 13 *Septembre* 1791.) V. p. 65.

Commandans des Vaisseaux. Voy. *Combat.*

Commerce des Grains. Loi portant des peines contre les agens du pouvoir Exécutif, qui feraient pour leur compte le Commerce des grains. (9 *Décembre* 1792.) VI. p. 361.

—— Voy. *Douanes, Echelles du Levant, Levant, marseille, navigation* (Etat de la) *et du commerce, traités.*

—— *extérieur. Loi* qui distrait des ministéres de l'intérieur et de la marine les matières de commerce extérieur, et les attribue aux douanes. (21 *Septembre* 1793.) VII. p. 410.

Com-

Communautés. Voy. *Baux.*

—— *Loi* relative aux biens des abbayes et communautés étrangères. (30 *Août* 1792.) VI. p. 159.

—— *d'habitans. Loi* concernant la recétte, la comptabilité et l'emploi des fonds provenant de la vente des bois appartenant à des communautés d'habitans. (30 *Juin* 1793.) VII. p. 176.

—— *étrangéres. Loi* sur la régie et la vente des biens provenant des jésuites de *Tréves* et des abbayes, corps et communautés étrangers. (13 *Pluviôse* an 2.) VIII. p. 292.

Communaux. Loi relative au partage des terrains communaux et au mode de vente des biens des émigrés. (14 *Août* 1792.) VI. p. 45.

—— *Loi* relative aux communaux en culture. (11 *Octobre* 1792.) VI. p. 313.

—— Voy. *biens communaux.*

Communes. Lettres patentes du Roi, relativement à l'autorifation donnée aux communes de reprendre leurs anciens noms. (23 *Juin* 1790.) Ier. p. 242.

—— *Loi* relative aux dettes contractées par les villes et communes, et à leurs besoins. (10 *Août* 1791, *sur décrêt du 5 Août* 1791.) IV. p. 71.

—— *Loi* relative aux demandes formées par les municipalités et les corps administratifs, à l'effet d'être autorifés à acquérir des domaines nationaux. (17 *Novembre* 1792. VI. p. 333.

—— *Loi* qui ordonne que les procès des communes, à raison des biens communaux et patrimoniaux, seront jugés par la voie de l'arbitrage. (2 *Octobre* 1793.) VII. p. 452.

—— Voy. *Dénomination.*

Commutation. Voy. *Peines.*

Compagnies financières. Loi qui supprime les compagnies financières. (17 *Vendémiaire* an 2.) VII. p. 464.

—— *Loi* qui supprime les compagnies financières. (26 *Germinal* an 2.) VIII. p. 459.

Compagnies de Mineurs. **Voy.** *Mineurs.*

Compétence. Proclamation du Roi , sur un décrêt qui règle différens points de compétence des corps administratifs. (14 *Octobre* 1790 , *sur décrêt du 7 du même mois.*) II. p. 19.

—— Voy. *Tribunal de police.*

Complices. **Voy.** *Emigrés.*

Comptabilité. Loi relative à la suppréssion des chambres des comptes et à la nouvelle forme de comptabilité. (29 *Septembre* 1791 , *sur décrêt du* 17 *Septembre* 1797. , IV. p. 322.

—— *Loi* relative à l'organifation du bureau de comptabilité. (12 *Février* 1792, *sur décrêt des* 13 *Janvier* , 3 *et* 8 *Février* 1792.) V. p. 263.

—— *Loi* relative au bureau de comptabilité. (4 *Avril* 1792 , *sur décrêt du* 1er *Avril* 1792.) V. p. 309.

—— *Loi* relative aux objets de comptabilité dont les chambres de commerce étaient chargées. (6 *Septembre* 1792.) VI. p. 208.

—— *Loi* qui désigne les pièces de compte et comptabilité non susceptibles de brûlement. (1er *Octobre* 1792.) VI. p. 308.

—— *Loi* qui établit un mode de comptabilité. (23 *Août* 1793.) VII. p. 291.

—— *Loi* qui ordonne l'exécution du nouveau mode de comptabilité établi par le décrêt du 23 Août 1793. (4 *Germinal* an 2.) VIII. p. 433.

—— Voy. *Fermes générales , Receveurs de district.*

Comptables. Loi qui ordonne le versement à la trésorerie nationale des sommes dues par lés comptables. (10 *Décembre* 1792.) VI. p. 361.

—— *Loi* qui autorise à poursuivre les comptables des deniers publics, même par la voie de la contrainte par corps. (30 *Mars* 1793.) VI. p. 501.

—— *Loi* relative au paiement des intérêts dus aux comptables , à raison de leurs finances. (9 *Juillet* 1793.) VII. p. 185.

Consignations. (Receveurs des). comptes à rendre par eux. (16 *Germinal* an 2.) VIII. p. 444.

—— Voy. *Receveurs.*

Consolidation. Voy. *Dette publique.*

Constitution. Constitution française. (14 *Septembre* 1791, *sur décrêt de l'assemblée nationale, du* 3 *Septembre* 1791.) IV. p. 188.

—— *civile du clergé. Loi* sur la constitution civile du clergé, et la fixation de son traitement. (24 *Août* 1790.) Ier. p. 372.

Contrainte par corps. Loi portant que la contrainte par corps, ne pourra être exercée pour dettes de mois de nourrice. (25 *Août* 1792.) VI. p. 110.

—— *Loi* qui ordonne l'élargissement des prisonniers détenus pour dettes, et qui abolit la contrainte par corps. (9 *Mars* 1793.) VI. p. 449.

—— Voy. *Comptables.*

Contrats. Clauses impératives ou prohibitives et autres. *Loi* contenant plusieurs dispositions relatives aux actes et contrats civils. (5 *Brumaire* an 2.) VIII. p. 14.

Contributions. (mode de paiement des) de 1789 et 1790. *Lettres patentes du Roi.* (10 *Juillet* 1790.) Ier. p. 246.

—— *Loi* contenant une adrésse aux français, sur les contributions publiques. (28 *Juillet* 1791, *sur décrêt du* 24 *Juin* 1791.) III. p. 446.

—— *Loi* qui fixe les règles à suivre pour les plans à faire en vertu des articles XXI et XXX, du décrêt des 4 et 21 Août 1791. (23 *Septembre* 1791, *sur décrêt du* 16 *Septembre* 1791.) IV. p. 236.

—— *Loi* qui fixe les droits et taxations à percevoir par les receveurs de district, sur les contributions et autres recettes. (16 *Juillet* 1793.) VII. p. 192.

—— *Loi* relative au paiement des contributions publiques de 1791 et 1792, et autres antérieures, et à la li-

liquidation de la dette arriérée. (17 *Juillet* 1793.) VII. p. 201.

Contributions. *Loi* qui fixe la contribution foncière des départemens pour l'année 1793.) (3 *Août* 1793.) VII. p. 263.

——— *Loi* portant que les représentans du peuple et les fonctionaires publics, ne doivent pas être compris sur les rôles de contribution, dans les lieux ou ils sont retenus pour l'exercice de leurs fonctions. (8 *Septembre* 1793.) VII. p. 369.

——— *Loi* relative aux bons à délivrer aux possésseurs de grains qui ont acquité leurs contributions en nature. (24 *Frimaire* an 2.) VIII. p. 141.

——— *Loi* relative à la perception des contributions foncière et mobilière, et du droit de patentes. (2 *Octobre* 1791, *sur décrêt du 6 Septembre* 1791.) IV. p. 337.

——— Voy. *Fermiers.*

——— *Lettres patentes du Roi*, sur le mode de paiement de la contribution foncière relativement aux bois communaux. (31 *Mai* 1790.) Ier. p. 219.

——— *Instruction de l'asſemblec nationale*, sur la contribution foncière. (22 et 23 *Novembre* 1790.) II. p. 183, 221.

——— *Loi* concernant la contribution foncière. (1er *Décembre* 1790, *sur décrêt des* 20, 22, et 23 *Novembre précédent.*) II. p. 173.

——— *Loi* qui assujétit à la contribution foncière les droits de péages et autres non supprimés par le décrêt du 24 Mars 1790, les revenus des canaux, &c. (25 *Fevrier* 1791, *sur décrêt du* 21 *du même mois.*) II. p. 440.

——— *Loi* relative à la contribution foncière. (2 *Août* 1792, *sur décrêt du* 30 *Juillet précédent.*) VI. p. 31.

——— *Loi* relative aux décharges et réductions sur la contribution foncière. (28 *Août* 1791, *sur décrêt de l'assemblée nationale des* 4 *et* 21 *Août* 1791.) IV. p. 150.

Con-

navires des villes anséatiques. (29 *Mars* 1793.) VI. p. 501.

Courtiers. Voy. *Offices*.

Couvens. Voy. *Communautés*.

Coutumes de dévolution. *Loi* relative au partage des successions entre les enfans issus de deux mariages dans les coutumes de dévolution. (18 *Vendémiaire* an 2.) VII. p. 467.

Créances. *Loi* qui ordonne la vente des créances de la nation affectées sur les biens nationaux. (5 *Juin* 1793.) VII. p. 113.

—— *sur la nation*. *Loi* qui défend de délivrer des expéditions ou extraits des titres de créances de la nation. (24 *Août* 1793.) VII. p. 305.

—— *sur l'état*. *Loi* qui défend la vente, cession, négociation ou transport des titres actuels constatant les créances non viagères sur la nation. &c. (11 *Septembre* 1793.) VII. p. 371.

—— *militaires*. *Loi* relative à la remise des titres de créances des militaires. (13 *Germinal* an 2.) VIII. p. 441.

Créanciers de l'état. *Loi* relative à la remise des titres de créances sur l'état. (1er *Mai* 1792, *sur décret* 27 *Avril* 1792.) V. p. 335.

—— *Loi* relative à la remise des titres de créance. (9 *Brumaire* an 2.) VIII. p. 23.

—— *Loi* sur la remise des titres de créance. (21 *Frimaire* an 2.) VIII. p. 133.

—— Voy. *Etat* et *pensions*.

Créanciers des émigrés. *Loi* qui proroge les délais accordés aux créanciers des émigrés, pour faire leurs déclarations et le dépôt de leurs titres. (26 *Nivôse* an 2.) VIII. p. 236.

—— *Loi* relative aux délais fixés aux créanciers des émigrés pour la remise de leurs titres. (6 *Pluviôse* an 2.) VIII. p. 272.

Cré-

Créanciers. Voy. *Emigrés.*

Criées. Loi qui fixe les jours le lieu et les délais des criées. (16 *Nivôse* an 2.) VIII. p. 205.

Cueillerets. Voy. *Droits seigneuriaux.*

Cueilloirs. Voy. *Droits seigneuriaux.*

Cuirs. Voy. *Exportation.*

Culte. Lettres patentes du Roi, contenant prorogation de délai en faveur de ceux qui ne proféssent pas la religion catholique. édit du mois de Novembre 1787. (13 *Décembre* 1789.) Ier. p. 51.

——— *Loi* qui ordonne la confection d'un inventaire des meubles, effets et ustensiles en or et en argent employés au service du culte. (10 *Septembre* 1792.) VI. p. 227.

——— (frais du) — Voy. *Biens nationaux.*

Culture. Voy. *Biens abandonnés.*

Cumulation. Voy. *Traitement.*

D.

Danemarck. Voy. *Prises.*

Dantzick. Voy. *Prises.*

Date des actes publics. Voy. *Actes* et *Ere républicaine.*

Date des décrêts. Loi relative à la date des décrêts. (15 *Vendémiaire* an 2.) VII. p. 459. — Voy. aussi *Ere républicaine.*

Débiteurs. Voy. *Liste civile.*

Décrêts. Voy. *Dates.*

Déchéance. Loi relative aux titres de créance inscrits sur le régistre de déchéance. (1er *Septembre* 1792.) VI. p. 165.

——— Voy. *Créanciers de l'état.*

Décimal. (système.) *Loi* portant que les marchés et les comp-

comptes seront stipulés et rendus en livres, décimes et centimes. (17 *Frimaire* an 2.) VIII. p. 132.

Déclaration. Voy. *Command*, *fiefs* (propriétaire de) et *jury d'accusation.*

Décoration militaire. Loi relative à la décoration militaire. (7 *Janvier* 1791, *sur décrêt du* 1er *du même mois.*) II. p. 329.

——— Loi relative à la décoration militaire. (19 *Janvier* 1791, *sur décrêt du* 9 *du même mois.*) II. p. 350.

——— Loi relative à la décoration militaire, pour les officiers attachés à la marine. (11 *Fevrier* 1791, *sur décrêt du* 5 *du même mois.*) II. p. 388

Décorations. Loi relative aux citoyens, qui se revêtiraient d'une décoration qu'ils n'ont pas le droit de porter, et aux commissaires des municipalités chargés de faire des visites ou perquisitions. (15 *Septembre* 1792.) VI. p. 244.

Découvertes. Voy. *Brevêts d'invention* et *propriété.*

Décrêts. Loi relative à l'impréssion des décrêts. (20 *Juillet* 1791, *sur décrêt du* 8 *Juillet* 1791.) III. p. 405.

Défenseurs de la patrie. Loi qui accorde des secours aux familles des militaires de toutes les armes et des marins employés au service de la république. (4 *Mai* 1793.) VII. p. 34.

——— Loi relative aux pensions et secours à accorder aux veuves des militaires, décédés au service de la république. (4 *Juin* 1793.) VII. p. 107.

——— Loi contenant extension des secours accordés aux veuves et enfans des militaires. (9 *Nivôse* an 2.) VIII. p. 192.

——— Loi relative à la culture des terres des défenseurs de la patrie. (23 *Nivôse* an 2.) VIII. p. 232.

——— Loi qui règle le mode de paiement des pensions, indemnités et secours accordés aux défenseurs de la patrie et à leurs familles. (21 *Pluviôse* an 2.) VIII. p. 306, et 318.

Dé-

Défenseurs de la patrie. *Loi* relative aux scéllés apposés après le décès des citoyens dont les défenseurs de la patrie sont héritiers. (11 *Ventôse* an 2.) VIII. p. 390.

—— *Loi* qui détermine le mode de distribution des secours dûs aux familles des défenseurs de la patrie. (13 *Prairial* an 2.) VIII. p. 484.

—— Voy. *Récompenses.*

Dégradation. Voy. *Monumens nationaux.*

Dégrèvemens. *Loi* sur la répartition des décharges accordées à titre dégrèvemens. (13 *Septembre* 1792.) VI. p. 239.

Délais. Voy. *Cassation, corse, créanciers des émigrés, liquidation* et *procédures.*

—— *accordés aux gens de mer.* Voy. *Cassation.*

Délibérations. *Lettres patentes du Roi,* relatives à la rédaction des délibérations des assemblées représentatives, municipales et administratives. (11 et 26 *Février* 1790.) Ier. p. 108.

Délits. *Loi* relative aux jugemens sur délits emportant peine afflictive ou infamante par lesquels il aurait été déclaré n'y avoir lieu à accusation. (28 *Germinal* an 2.) VIII. p. 461.

—— Voy. *Bois et forêts, peines, procédures, révolution.*

—— *connéxes.* *Loi* relative au mode de procéder pour les délits connexes à ceux mentionnés dans les lois des 7 et 30 Frimaire an 2. (6 *Ventôse* an 2.) VIII. p. 383.

—— *militaires.* *Loi* qui prononce la peine de mort pour divers délits militaires. (27 *Juillet* 1793.) VII. p. 252.

—— *Loi* relative à la compétence des juges de paix, et des tribunaux criminels pour les délits militaires. (29 *Floréal* an 2.) VIII. p. 482.

—— *non prévus.* Voy. *Déportation.*

Dé-

Déniers publics. Voy. *Comptables.*

Dénomination. Loi qui substitue la dénomination de commune à celle de ville, bourg et village. (10 *Brumaire* an 2.) VIII. p. 29.

Dénonciation. Voy. *Assignats.*

Denrées. (circulation des) Voy. *Frontières.*

—— *coloniales.* Loi portant suppréssion des droits sur les denrées et productions des colonies françaises. (11 *Septembre* 1793.) VII. p. 379.

Départemens. Loi relative à la formation d'un quatre-vingt septième département, sous la dénomination de département de Vaucluse. (25 *Juin* 1795.) VII. p. 156.

—— (administration de) Voy. *Police.*

—— Voy. *Division de la france*, et *limites.*

Dépêches. Loi relative aux employés, exprès et courriers dépêchés pour les besoins du service de l'armée. (11 *Mai* 1792, *sur décrêt du* 8 *Mai* 1792.) V. p. 346.)

Dépenses de la marine et des colonies. Loi qui supprime la retenue de quatre deniers pour livre sur les dépenses de la marine et des colonies. (22 *Vendémiaire* an 2.) VII. p. 469.

Déplacement. (frais de) Voy. *Force publique.*

Déportation. Loi qui ordonne la déportation des écclésiastiques et frères convers et lais qui n'ont pas prêté le serment de maintenir la liberté et l'égalité. (23 *Avril* 1793.) VII. p. 16.

—— Loi qui prononce la peine de la déportation contre les individus convaincus de crimes ou délits non prévus par les lois. (7 *Juin* 1793.) VII. p. 120.

—— Loi relative aux receleurs d'écclésiastiques sujets à la déportation. (22 *Germinal* an 2.) VIII. p. 453.

—— Loi qui ordonne que la peine de déportation sera désormais pour la vie entière. (5 *Frimaire* an 2.) VIII. p. 79.

Dé-

Déportation. Voy. *Ecclésiastiques* et *mendians.*

Déportés. Loi qui déclare les lois relatives aux émigrés applicables aux déportés. (17 *Septembre* 1793.) VII. p. 402.

——— *Loi* qui déclare acquis à la république les biens des écclésiastiques et frères convers ou lais, déportés, et contient un mode d'exécution du décrêt du 17 Septembre 1793, relatif aux déportés. (22 *ventôse* an 2.) VIII. p. 393.

Dépositaires. Loi qui défend aux dépositaires de payer sur des jugemens rendus par défaut contre des absens ou des émigrés. (20 *Mars* 1793.) VI. p. 467.

——— Voy. *Consignation, dépôt* et *séquestre.*

Dépôts. Loi qui ordonne de verser dans la caisse de la trésorerie nationale et dans celle des receveurs de district les dépôts faits chez des officiers publics. &c. (23 *Septembre* 1793.) VII. p. 411.

——— Voy. *Caisse de l'extraordinaire.*

Dépréciation. Voy. *Assignats.*

Députés extraordinaires. Loi relative aux députés extraordinaires qui séjournent auprès du corps législatif. (8 *Juillet* 1792, *sur décrêt du* 3 *du même mois.*) VI. p. 13.

Désertion. Loi sur la désertion. (19 *Juin* 1792, *sur décrêt du* 28 *Septembre* 1791.) V. p. 421.

——— Voy. *Armée* et *galéres.*

Désobéissance à la loi. Loi qui ordonne la détention d'un citoyen jusqu'à la paix pour désobéissance à la loi. (22 *Floréal* an 2.) VIII. p. 477.

Désséchement. Lettres patentes du Roi, relatives aux dédommagemens qui ont pû être exigés pour désséchemens. (18 *Juin* 1790.) I. p. 238.

——— *Loi* relative au désséchement des marais. (5 *Janvier* 1791, *sur décrêt du* 26 *Décembre* 1790.) II. p. 313.

Dés.

Desséchement. *Loi* relative au desséchement des étangs. (14 *Frimaire* an 2.) VIII. p. 117.

—— Voy. *Étangs.*

Détention. *Loi* relative à la durée de la détention pour amendes prononcées par la police correctionnelle. (5 *Octobre* 1793.) VII. p. 458.

Détenus. *Loi* interprétative de l'article 5, de celle du 13 Brumaire an 2, sur les personnes préposées à la garde des détenus évadés. (17 *ventôse* an 2.) VIII. p. 391.

Détraction. Voy. *Aubaine.* (droit d')

Dette publique. *Loi* additionnelle à celle du 24 Août 1793, sur la consolidation de la dette publique. (25 *Septembre* 1793.) VII. p. 423.

—— Voy. *Grand livre.*

Dettes de l'état. *Proclamation du Roi,* sur des décrêts relatifs au remboursement, tant de la dette non constituée de l'état, que de celle constituée par le ci-devant clergé, et à une création de nouveaux assignats. (12 *Octobre* 1790, *sur décrêt du 29 Septembre précédent.*) II. p. 3.

—— Voy. *Liquidation.*

Dettes des municipalités. *Loi* relative au paiement des dettes exigibles contractées par les municipalités aliénataires de domaines nationaux. (5 *Juin* 1793.) VII. p. 111.

—— Voy. *Communautés.*

Dévolution. Voy. *Coutumes.*

Digues. *Loi* sur l'entretien des digues et canaux des îles et territoires maritimes. (3 *Septembre* 1792.) VI. p. 192.

Dîmes. *Lettres patentes du Roi,* sur le mode de paiement de toute espèce de dîmes. (23 *Juin* 1790.) Ier. p. 240.

—— *Loi* relative aux biens ci-devant sujets à la dîme ecclésiastique et inféodée. (12 *Décembre* 1790, *sur décrêt du 1er du même mois.*) II. p. 237.   Di-

Discipline. Proclamation du Roi, sur un décret de l'assemblée nationale, concernant la discipline militaire. (29 *Octobre* 1790, *sur décrêt des* 14 et 15 *Septembre précédent.*) II. p. 71.

Discrédit. Voy. *Assignats.*

Dispenses. Loi relative aux dispenses de mariage. (11 *Février* 1791, *sur décrêt du* 3 *du même mois.*) II. p. 390.

Districts (administrations de) Voy. *Police.*

Division de la france. Lettres patentes du Roi, sur la division de la france, en 83 départemens. (15 *Janvier*, 16 et 26 *Février* 4 *Mars* 1790.) I. p. 108.)

—— *en départemens. Proclamation du Roi,* relative aux départemens du *Tarn* en particulier, et à l'éxécution des décrêts particuliers pour chaque département. (5 *Mai* 1790, *sur décrêt du* 1er *du même mois.*) I. p. 188.

Divorce. Loi qui détermine les causes, le mode et les effets du divorce. (20 *Septembre* 1792. VI. p. 266.

—— *Loi* qui autorise le conjoint, demandeur en divorce à faire apposer les scéllés sur les effets mobiliers de la communauté. (22 *Vendémiaire* an 2.) VII. p. 469.

—— *Loi* qui attribue aux tribunaux de famille la connaissance des contestations relatives aux droits des époux divorcés (8 *Nivôse* an 2.) VIII. p. 188.

—— *Loi* contenant les dispositions additionnelles à celle du 20 Septembre 1792, sur le divorce. (4 *Floréal* an 2.) VIII. p. 465.

—— *Loi* relative au domicile où le divorce peut être poursuivi. (24 *Floréal* an 2.) VIII. p. 479.

Domaines. Proclamation du Roi, relativement à la réduction de la dépense des bureaux et employés. (19 *Septembre* 1790, Ier. p. 425.

—— (régie des) *Loi* relative à la perception des droits de la régie des domaines et contrôles, et à la distribution du papier timbré. (23 *Janvier* 1791, *sur décrêt du* 20 *du même mois.*) II. p. 357.

—— *Loi* relative aux comptes de la ci-devant administration

Domaines nationaux. **Loi** additionnelle à celles des 5 *Novembre* 1790 , **27** *Mars* , 15 *Mai* et 29 *Août* 1791, sur l'administration du mobilier provenant des domaines nationaux , et des églises supprimées, et sur les frais du culte. (4 *Septembre* 1792.) VI. p. 198.

———— *Loi* contenant des articles additionels à celle relative à la révocation des engagemens des Domaines nationaux. (17 *Septembre* 1792.) VI. p. 254.

———— *Loi* qui suspend la revente à la folle enchére des domaines nationaux situés sur les parties du terri toire de la république , occupés par ses ennemis. (30 *Juin* 1793.) VII. p. 175.

———— *Loi* interprétative de celle qui accorde un délai aux possésseurs de dîmes supprimées sans indemnité, pour renoncer à leurs acquisitions de domaines nationaux. (11 *Juillet* 1793.) VII. p. 190.

———— *Loi* relative à la remise des titres de propriété et de jouissance des domaines nationaux aliénés. (12 *Juillet* 1793.) VII. p. 191.

———— *Loi* relative au paiement des contributions et des acquisitions ou fermages de domaines nationaux, ou des biens d'émigrés. (24 *Septembre* 1793.) VII. p. 418.

———— *Loi* relative aux domaines nationaux engagés ou aliénés. (10 *Frimaire* an 2.) VIII. p. 87.

———— Voy. *Municipalités.*

Dombes. (pays de) *Loi* portant réunion à L'empire français, du pays de *Dombes* et dépendances. (16 *Octobre* 1791, *sur décrêt du* 27 *Septembre* 1791.) V. p. 84.

Domicile. Voy. *Divorce.*

Donations. Voy. *Faculté de disposer , legs , succession et testamens.*

Dotation. Voy. *hospices.*

Douanes. *Loi* relative à la perception des drois d'entrée et de sortie. (1er *Mai* 1791, *sur décrêt du* 23 *Avril* 1791.) III. p. 162.

Do-

Janvier 1792, *sur décrêt du* 30 *Septembre* 1791.) V. p. 250.

Droits Voy. *Douanes, octrois, sucres, tabacs.*

—— *Censuels.* Voy. *Cens.*

—— *de citoyen. Loi* relative à l'exercice des droits de citoyen actif, pour les perfonnes attachées au service de terre ou de mer. (20 *Juillet* 1791, *sur décrêt du* 6 *Juillet* 1791.) III. p. 402.

—— *Loi* qui accorde le droit de citoyen actif à tout français ayant fait la guerre de la liberté. (5 *Août* 1792, *sur décrêt du* 3 *du même mois.*) VI. p. 34.

—— *d'entrée. Loi* qui supprime ou modifie plusieurs droits d'entrée sur des comestibles ou marchandises. (19 *Mai* 1793.) VII. p. 83.

—— Voy. *Chevaux* et *thés.*

—— *De propriété.* Voy. *Auteurs.*

—— *féodaux.* Décrêts de l'assemblée nationale relatifs à l'abolition du régime féodal, au rappel des galèriens pour fait de chasse, à l'abolition du droit exclussif des fuies et colombiers, de celui des garennes et de la chasse, des justices seigneuriales, de la vénalité des offices &c. (4, 6, 7, 8 et 11 *Août* 1789.) I. p. 1er.

—— *Lettres patentes du Roi* concernant les droits féodaux. (15—28 *Mars* 1790.) I. p. 153.

—— *Lettres patentes du Roi,* concernant les droits féodaux rachetables. (3, 9 *Mai* 1790, *sur décrêt du* 3 *du même mois.*) I. p. 188.

—— *Lettres patentes du Roi,* sur un décrêt de l'assemblée nationale, du 3 Juillet 1790, relatif au rachat de ceux des droits féodaux sur lesquels il avait été réservé de statuer par les articles IX, X et XI du décrêt du 3 Mai dernier, et des lettres patentes du 9 du dit mois. (31 *Juillet* 1790.) Ier. p. 269.

—— *Loi* portant que les décrêts relatifs à l'abolition des droits féodaux sont applicables aux départemens du haut et du bas Rhin. (5 *Novembre* 1790, *sur décrêt du* 28 *Octobre précédent.*) II. p. 121.

Droits

Droits féodaux. **Loi** relative à la régie et perception des droits féodaux et autres droits incorporels non supprimés. (20 *Mars* 1791 , *sur décrêt du* 11 *du même mois.*) III. p. 19.

—— **Loi** relative au rachat des ci-devant droits féodaux. (9 *Octobre* 1791, *sur décrêt des* 14 *et* 15 *Septembre.*) IV. p. 427.

—— **Loi** relative aux droits féodaux. (6 *Juillet* 1792, *sur décrêt du* 18 *Juin précédent.*) VI. p. 9.

—— **Loi** relative à la suppression des droits féodaux. (17 *Août* 1792.) VI. p. 58.

—— **Loi** relative aux droits féodaux. (25 *Août* 1792.) VI. p. 114.

—— **Loi** qui prononce l'extinction de tous les procès relatifs aux droits féodaux. (9 *Septembre* 1792.) VI. p. 224.

—— **Loi** qui suspend toutes suites des procédures relatives au paiement des droits censuels féodaux. (26 *Mai* 1793.) VII. p. 94.

—— **Loi** qui supprime sans indemnité toutes redevances ci-devant seigneuriales et droits féodaux, même ceux conservés par le décrêt du 25 Août 1792. (17 *Juillet* 1793.) VII. p. 199.

—— **Loi** qui défend à tout français de recevoir des droits féodaux et des redevances de servitude. (7 *Septembre* 1793.) VII. p. 368.

—— **Loi** qui déclare nuls les jugemens rendus et les poursuites faites relativement aux droits féodaux ou censuels abolis par le décrêt du 28 Août 1792. (9 *Brumaire* an 2.) VIII. p. 22.

—— **Loi** relative aux actions des codébiteurs solidaires de droits féodaux vis-à-vis de leurs coobligés. (9 *Frimaire* an 2.) VIII. p. 86.

—— **Loi** interprétative des Lois des 25 Août 1792 et 9 Brumaire an 2, sur les droits ci-devant féodaux. (28 *Nivôse* an 2.) VIII. p. 238.

—— Voy. *Droits, seigneuriaux* et *procédures.*

Droits

Droits de Navigation. Voy. *Ports et Douanes.*

—— *seigneuriaux.* **Loi** relative aux cueilloirs et cueillerets qui étoient tenus pour la perception des droits seigneuriaux ou rentes-foncières. (19 *Janvier* 1791, *sur décret du* 12 *du même mois.*) II. p. 356.

—— **Loi** concernant l'abolition de plusieurs droits seigneuriaux, et le mode de rachat de ceux qui ont été précédemment déclarés rachetables. (20 *Avril* 1791, *sur décret du* 13 *Avril* 1791.) III. p. 111.

—— **Loi** contenant instruction sur les ci-devant droits seigneuriaux déclarés rachetables par la loi du 28 *Mars* 1790. (19 *Juin* 1791, *sur décret du* 15 *Juin* 1792.) III. p. 292.

—— **Loi** relative au mode d'imposition pour les propriétaires de champart, agriers, terrages, cens et rentes, et autres redevances annuelles. (12 *Octobre* 1791, *sur décret du* 29 *Septembre* 1791.) V. p. 1er.

—— *successifs des religieux.* Voy. *Succession.*

—— *d'usage.* Voy. *Usage.*

Duel. **Loi** portant abolition de tous procès et jugemens motivés sur des provocations au duel. (17 *Septembre* 1792.) VI. p. 249.

Dunkerque. (Bélandriers de) **Loi** relative avec bélandriers de *dunkerque*, aux bateliers de *condé*, et autres des départemens du nord et du pas-de-calais. (12 *Juin* 1791, *sur décret du* 4 *Juin* 1791.) III. p. 283.

E.

Eaux de vie de grains. **Loi** relative aux eaux de vie de grains, dites de geniévre. (19 *Octobre* 1791, *sur décret du* 23 *Septembre* 1791.) V. p. 85.

—— *et forêts.* **Loi** relative au paiement des officiers des ci-devant maitrises des eaux et forêts. (15 *Août* 1792.) VI. p. 49.

Echange. Voy. *Prisonniers de guerre.*

Echangistes. **Loi** relative aux échangistes de forêts ci-de-

Eco-

Émi-

Emi-

Emigrés. **Loi** contre les émigrés, (28 *Mars* 1793.) VI. p. 476.

—— *Loi* relative à la vente des immeubles des émigrés. (3 *Juin* 1793.) VII. p. 100.

—— *Loi* relative aux coupes de bois, appartenant aux parens des émigrés. (10 *Juillet* 1793.) VII. p. 187.

—— *Loi* relative à la liquidation de l'actif et du passif des émigrés. (25 *Juillet* 1793.) VII. p. 229.

—— *Loi* relative au jugement des émigrés rentrés en france. (13 *Septembre* 1793.) VII. p. 397.

—— *Loi* relative au jugement des émigrés transférés dans leurs départemens avant le décrêt du 13 Septembre dernier. (29 *Vendémiaire* an 2.) VII. p. 500.

—— *Loi* qui ordonne le séquestre des biens des français sortis du territoire de la république avant le 1er Juillet 1789, et non rentrés. (11 *Brumaire* an 2.) VIII. p. 33.

—— *Loi* relative à la liste générale des émigrés de la république. (27 *Brumaire* an 2.) VIII. p. 48.

—— *Loi* qui ordonne le séquestre des biens des pères et mères, dont les enfans sont émigrés. (17 *Frimaire* an 2.) VIII. p. 131.

—— *Loi* relative au jugement des complices des émigrés. (8 *Pluviôse* an 2.) VIII. p. 284.

—— *Loi* relative aux créances sur les émigrés, les déportés &c. (9 *Ventôse* an 2.) VIII. p. 385.

—— *Loi* portant qu'il sera sursis à l'exécution des jugemens à mort rendus contre des personnes qui n'ont pû se faire rayer des listes d'émigrés. (23 *Germinal* an 2.) VIII. p. 455.

—— *Loi* relative au paiement des frais d'administration des biens des émigrés condamnés ou déportés, et des créances et rentes par eux dues. (3 *Prairial* an 2) VIII. p. 483.

—— Voy. *Ambassadeurs, créanciers, émigration, sequestre.*

Emi.

Emigrés. (biens des) Voy. *Administration* et *régie.*

Emphytéose. Voy. *Baux emphytéotiques.*

Emplacemens. Loi relative à l'estimation de la valeur locative des édifices occupés par les corps administratifs et les tribunaux (6 *Août* 1791, *sur décret du* 31 *Juillet* 1791.) IV. p. 68.

——— Loi relative aux décrets sur les emplacemens des corps administratifs et des tribunaux. (12 *Septembre* 1791, *sur décret du* 29 *Août* 1791.) IV. p. 174.

Emplois. Loi relative au mode de nomination et de remplacement des emplois militaires. (15 *Avril* 1792, *sur décret du* 10 *Avril* 1792.) V. p. 321.

Employés. Lettres patentes du Roi, qui prohibent les etrennes, vin de ville, gratifications &c. que les employés et administrateurs recevaient habituellement. (29 *Novembre* 1789.) Ier. p. 23.

——— Loi relative aux employés des ci-devant fermes régies et administrations supprimées. (31 *Juillet* 1791, *sur décret du* 21 *Juillet* 1791.) III. p. 485.

——— Loi relative aux employés supprimés comptables. (18 *Avril* 1792, *sur décret du* 7 *Avril*.) V. p. 323.

——— Voy. *Liste civile.*

Empreinte. Voy. *Monnaies.*

Emprunts. Loi relative aux emprunts contractés par les ci-devant pays d'états. (21 *Mars* 1792, *sur décret du* 14 *Mars* 1792.) V. p. 297.

——— Loi relative au remboursement des capitaux et intérêts des emprunts à terme faits en pays étranger. 24 *Avril* 1793.) VII. p. 28.

Enfans. Voy. *Secours.*

Enfans naturels. Loi sur les droits successifs des enfans naturels. (4 *Juin* 1793.) VII. p. 108.

——— Loi portant suspension des procès pendans entre les enfans naturels et leurs parens à raison de successions. (31 *Juillet* 1793.) VII. p. 256.

En

Enfans naturels. *Loi* relative aux droits des enfans nés hors du mariage. (12 *Brumaire* an 2.) VIII. p. 33.

—— *des condamnés.* Voy. *Condamnés.*

Enfans nés de protestans et de catholiques. Voy. *Mariage.*

—— *trouvés.* *Loi* relative au paiement des dépenses faites pour la nourriture et l'entretien des enfans trouvés. (15 *Août* 1792.) VI. p. 46.

Engagemens. Voy. *Pêche.*

Engagistes. Voy. *Domaines engagés.*

Enregistrement. *Loi* relative au droit d'enregistrement des actes civils et judiciaires et des titres de propriété. (19 *Décembre* 1790.) II. p. 250.

—— *Tarif* des droits d'enregistrement qui seront perçus sur les actes civils et judiciaires, et sur les titres de propriété. II. p. 263.

—— (régie de l') *Loi* relative à la régie de l'enregistrement et du timbre et à celle des douanes. (15 *Mai* 1791, *sur décrêt de l'assemblée nationale, des* 8 *et* 9 *Mai* 1791. III. p. 206.

—— *Loi* relative à l'organisation de la régie des droits d'enregistrement, et autres y réunis. (27 *Mai* 1791, *sur décrêt des* 16 *et* 18 *Mai* 1791.) III. p. 234.

—— *Loi* additionnelle à celle du 19 Décembre 1790, sur le droit d'enregistrement. (9 *Octobre* 1791, *sur décrêt du* 29 *Septembre* 1791.) IV. p. 422.

—— *Loi* relative au visa et enregistrement des effets publics au porteur. (18 *Juillet* 1793.) VII. p. 205.

—— *Loi* qui affranchit des droits d'enregistrement tous les actes relatifs aux acquisitions faites au nom et pour le compte de la nation. (24 *Juillet* 1793.) VII. p. 227.

—— *Loi* relative à l'organisation de la régie nationale des droits d'enregistrement et autres droits y réunis. (14 *Août* 1793.) VII. p. 273.

En-

Enregistrement. *Loi* relative à l'enregistrement des procès-verbaux de délits commis dans les forêts. (27 *Pluviôse* an 2.) VIII. p. 321.

—— Voy. *Effets au porteur* et *timbre.*

Enrolemens. *Loi* sur les poursuites à faire contre les prévenus d'enrolemens pour servir les projets des ennemis de l'état. (29 *Juillet* 1792, *sur décret du* 25 *du même mois.*) VI. p. 24.

Enrôlés. Voy. *Rente viagère.*

Enseignes entretenus. *Loi* sur le rang des enseignes entretenus ou non entretenus. (16 *Septembre* 1792.) VI. p. 248.

Enting. Voy. *Biding.*

Entrepôt. *Loi* relative aux tabacs fabriqués et aux tabacs en entrepôt dans les ports. (19 *Septembre* 1793.) VII. p. 403.

Entrepreneurs de travaux nationaux. *Loi* qui interdit provisoirement la faculté de faire des saisies-arrêts ou opositions sur les fonds destinés aux entrepreneurs des travaux nationaux. (26 *Pluviôse* an 2.) VIII. p. 319.

—— Voy. *Marchés.*

Envahissement. Voy. *Invasion.*

Equipement. *Loi* relative aux effets d'habillement et d'équipement qui auront été distraits par des militaires, et à la visite de leurs malles et paquets. (3 *Floréal* an 2.) VIII. p. 464.

—— Voy. *Marins.*

Ere républicaine. *Loi* concernant l'Ere de la république. (2 *Janvier* 1792.) VI. p. 373.

—— *Loi* concernant l'Ere des français. (5 *Octobre* 1793.) VII. p. 456.

—— *Loi* relative aux dates des actes publics, aux vacances des administrations et des tribunaux, et au millésime des monnaies. (16 *Vendémaire* an 2.) VII. p. 461.

Es-

Esclavage. *Loi* qui abolit l'esclavage des nègres dans les colonies. (16 *Pluviôse* an 2.) VIII. p. 304.

Esclaves. Voy. *Traite.*

Escroquerie. *Loi* relative à la poursuite des délits d'escroquerie et d'abus de la crédulité. (7 *Frimaire* an 2.) VIII. p. 82.

Espagne. Voy. *Guerre* et *séquestre.*

Espionnage. *Loi* relative aux français ou étrangers convaincus d'espionnage dans les places de guerre ou dans les armées. (16 *Juin* 1793.) VII. p. 154.

Estimation. *Loi* relative à l'évaluation des bois et forêts, et des tourbières. (20 *Juillet* 1791, *sur décrêt des* 12 et 13 *Juillet* 1791.) III. p. 404.

—— Voy. *Biens nationaux, dîmes,* et *rescision.*

Etablissemens d'enseignement. *Loi* relative aux etablissement d'etudes, d'enseignement, ou simplement religieux, faits en france par des étrangers et pour eux mêmes. (7 *Novembre* 1790, *sur décrêt du* 28 *Octobre.*) II. p. 122.

—— *d'instruction publique* (biens des) Voy. *Colleges.*

—— *publics.* Voy. *Biens.*

Etal. *Loi* qui déclare celle du 10 Frimaire an 2, sur les domaines aliénés, applicable aux droits d'etal à boucher et autres priviléges de marchands *suivant la cour.* (1er *Ventôse* an 2.) VIII. p. 322.

Etangs. *Loi* relative à la destruction des étangs marécageux. (11 *Septembre* 1792.) VI. p. 232.

—— Voy. *Désséchemens.*

Etat. *Loi* additionnelle à celle relative au paiement des créances sur l'état. (28 *Juin* 1791, *sur décrêt du* 27 *Juin* 1791). III. p. 306.

Etat civil. *Loi* qui détermine le mode de constater l'état civil des citoyens. (20 *Septembre* 1792.) VI. p. 275.

—— *Loi* additionnelle à celle concernant le mode de
con.

constater l'etat civil des citoyens. (19 *Décembre* 1792.) VI. p. 365.

Etat civil. *Loi* qui fait accorder avec la nouvelle Ère républicaine, l'époque de l'envoi des régistres destinés à constater l'état civil des citoyens. (7 *Frimaire* an 2.) VIII. p. 85.

——— *Loi* interprétative de celle du 20 Septembre 1792, sur le mode de constater l'etat civil des citoyens. (28 *Nivôse* an 2.) VIII. p. 240.

——— *Loi* relative aux déclarations sur l'état civil des enfans. (19 *Floréal* an 2.) VIII. p. 470.

Etendards. Voy. *Drapeaux.*

Etats unis. *Loi* relative aux bâtimens des etats unis. (23 *Mai* 1793.) VII. p. 85.

——— *Loi* qui excepte des dispositions de celle du 9 Mai 1793, les bâtimens des etats unis de l'amérique. (1er *Juillet* 1793.) VII. p. 181.

Etrennes. Voy. *Employés.*

Etrangers. *Loi* qui exclut les individus nés en pays etranger du droit de représenter le peuple. (5 *Nivôse* an 2.) VIII. p. 187.

——— Voy. *Dîmes, établissemens, exportation, galéres, police.*

Evasion. *Loi* qui prononce la peine de mort contre les geoliers et gardiens convaincus d'avoir favorisé l'évasion des personnes détenues. (13 *Brumaire* an 2.) VIII. p. 37.

Exclusions. Voy. *Assemblées politiques et juges.*

Exécuteurs des jugemens criminels. Voy. *Traitement.*

Exécutions. *Lettres patentes du Roi*, portant sursis aux executions et saisies contre les corps et communautés. (28 *Mai* 1790.) I. p. 217.

——— *Loi* qui exige une caution pour tout paiment en exécution de jugemens attaqués par la voie de la cassation. (16 *Juillet* 1793.) VII. p. 191.

Exé-

Exécutions de jugemens. Voy. *Cours martiales.*

Exécutoire (formule) *Loi* contenant la formule d'exécution des lois. (22 *Novembre* 1792.) VI. p. 836.

Expéditions. Voy. *Arrêts.*

Experts. Voy. *Biens nationaux.*

Exportation. *Loi* explicative de décrèts sur l'exportation des matières d'or et d'argent. (4 *Juillet* 1791, *sur décrêt du* 3 *Juillet* 1791.) III. p. 309.

—— *Loi* relative aux objets de commerce dont l'exportation est prohibée. (10 *Juillet* 1791, *sur décrêt du* 8 *Juillet* 1791.) III. p. 371.

—— *Loi* qui défend l'exportation des orges, avoines grenailles, légumes et fourrages de toute espèce. (4 *Janvier* 1792, *sur décrêt du* 31 *Décembre* 1791.) V. p. 241.

—— *Loi* relative à la libre circulation des grains, dans l'intérieur du royaume, et aux précautions à prendre pour en empêcher l'exportation en pays étranger. (3 *Fevrier* 1792, *sur décrêt des* 6 *et* 28 *Janvier* 1792.) V. p. 253.

—— *Loi* qui prohibe provisoirement l'exportation dans l'étranger, des laines, chanvres, peaux, cuirs et cotons. (26 *Février* 1792, *sur décrêt du* 24 *Février* 1792.) V. p. 277.

—— *Loi* relative à l'exportation des cotons en laine et en graine. (20 *Avril* 1792, *sur décrêt du* 18 *Avril* 1792.) V. p. 326.

—— *Loi* qui défend, dans plusieurs départemens, la sortie des bestiaux pour l'étranger. (16 *Mai* 1792, *sur décrêt du* 14 *Mai* 1792.) V. p. 347.

—— *Loi* relative à la prohibition d'exporter des denrées et bestiaux à l'étranger. (8 *Juin* 1792, *sur décrêt du même jour.*) V. p. 421.

—— *Loi* relative à différens objets de commerce, laines étrangéres, exportation, fabriques de sedan, filatu-

F.

F.

à

à la nature du régime féodal. (7 *Décembre* 1792.) VI. p. 358.

Féodalité. *Loi* relative aux actes de concessions à titre d'inféodation et au brûlement des titres féodaux mixtes. (2 *Octobre* 1793.) VII. p 452.

—— *Loi* qui éteint toute contestation existante sur recours contre des jugemens adjudicatifs de retraits féodaux. (1er *Frimaire* an 2.) VIII. p. 54.

—— *Loi* qui ordonne un rapport sur la confection d'un grand livre des propriétés territoriales, et fait défense d'insérer dans les actes aucunes clauses ou expréssions tendant à rappeler le régime féodal ou nobiliaire. (8 *Pluviôse* an 2.) VIII· p. 286.

—— Voy. *Droits féodaux, droits seigneuriaux* et *retrait féodal.*

Fermages. Voy. *Biens nationaux.*

Fermes générales. *Loi* relative à divers objets intéréssant les ci-devant fermes et régies. (3 *Juin* 1791, *sur décret du* 29 *Mai* 1791.) III. p. 279.

—— *Loi* relative à la liquidation et à la comptabilité des ci-devant ferme et régie générales. (1er *Août* 1791, *sur décret de l'assemblée nationale des* 21 *et* 22 *Juillet* 1791.) IV. p. 14.

—— Voy. *Fermiers généraux.*

Fermiers. *Loi* qui régle les obligations des fermiers envers les propriétaires, relativement à la dîme, aux vingtièmes et aux autres contributions. (10 *Avril* 1791, *sur décret de l'assemblée nationale du* 11 *Mars* 1791.) III. p. 73.

—— Voy. *Biens nationaux* et *impositions.*

—— *généraux* (caisse des) *Loi* qui ordonne l'apposition des scéllés sur les caisses et papiers des fermiers généraux et receveurs des deniers publics, dont les comptes n'ont pas été rendus et liquidés. (5 *Juin* 1793.) VII. p. 109.

—— *Loi* qui interdit aux ci-devant fermiers et régisseurs

seurs la faculté de vendre ou hypothéquer leurs biens immeubles, jusqu'au rapport du décrêt de *quitus* de leurs comptes. (8 *Brumaire* an 2.) VIII. p. 21.

Fermiers généraux. Loi qui met les biens des ci-devant fermiers généraux sous la main de la nation. (23 *Nivôse* an 2.) *du* 29, *articles aditionnels id.* VIII. p. 234.

Fers. Voy. *Galéres.*

Feu. Voy. *Pertes.*

Feux. Voy. *Phares.*

——— (droits de) Voy. *Régisseurs des douanes.*

Fiefs (propriétaires de) *Loi* relative à la déclaration à faire par les propriétaires des ci devant fiefs dans l'opposition générale au remboursement des rachats offerts. (19 *Novembre* 1790, *sur décrêt du* 12 *du même mois.*) II. p. 142.

——— *Loi* sur le séquestre des fiefs reversibles, à l'extinction des posséseurs, à la ci-devant couronne de france. (6 *Juillet* 1793.) VII. p. 183.

——— Voy. *Franc fief.*

Finances. Voy *Compagnies financières, corps de finance* et *receveurs généraux.*

Foires franches. Lettres patentes du Roi, contenant des dispositions relativement aux foires franches. (2 *Juillet* 1790.) I. p. 245.

Folle enchére (revente sur) Voy. *Biens nationaux.*

Foncière Voy. *Contributious.*

Fonctionnaire public. Voy. *Concussion, contribution, hôtels de villes* et *résidence.*

Fonctions publiques dans les pays envahis. Voy. *Invasion.*

Fondations. Loi relative à la vente des iinmeubles affectés à l'acquit des fondations (18 *Fevrier* 1791, *sur décrêt du* 10 *du même mois.*) II. p. 438.

——— *Loi* relative aux biens provenant des fondations. (16 *Octobre* 1791, *sur décrêt du* 26 *Septembre* 1791.) V. p. 69.

——— Voy. *Fabriques.*

For

et des différens services des armées. (7 *Mai* 1793.) VII. p. 46.

Fourrages. Voy. *Armées, exportation* et *transport.*

Frais. Voy. *Avoués.*

Frais d'administration. *Loi* qui établit un nouveau mode de paiement des frais d'administration à la charge du trésor public. (3 *Ventôse* an 2.) VIII. p. 323.

Frais de justice. Instruction adressée, par ordre du Roi, aux Directeurs de département, sur la manière de pourvoir au remboursement des frais de la justice criminelle, et au paiement des courses extraordinaires de la maréchaussée. II. p. 79.

—— *d'estimation* Voy. *Biens nationaux.*

—— *de transports.* Voy. *Guillotine.*

Français rentrés. *Loi* relative aux français qui ont servi chez les puissances étrangères, et qui sont rentrés en france depuis l'époque de la révolution. (6 *Juillet* 1791, *sur décret du* 30 *Juin* 1791.) III. p. 310.

Franc fief (droit de) *Lettres patentes du Roi,* en forme d'édit, portant abolition des droits de franc fief. (29 *Septembre* 1789.) I. p. 18.

Franchimont. *Loi* qui réunit à la république française les communes composant le pays de franchimont, stavelot et logne, (2 *Mars* 1793.) VI, p. 438.

Fraudeurs (navires) *Loi* relative aux navires connus sous le nom de smogleurs ou fraudeurs. (9 *Mai* 1793.) VII, p. 50.

Fret (droit de) *Loi* qui supprime le droit de fret dans le cas de grand cabotage par les navires étrangers. (8 *Avril* 1793.) VII. p. 8.

Frontières. *Loi* relative aux transports de denrées de première nécessité à la distance de deux lieues en deça des frontières. (17 *Nivôse* an 2.) VIII. p. 213.

Fuies. Voy. *Droits féodaux.*

G.

G.

Gages. *Loi* relative aux taxations et augmentations de gages. (9 *Septembre* 1792.) VI. p. 225.

Galéres. *Loi* relative aux étrangers détenus sur les galéres de france, pour des délits commis hors du royaume. (7 *Septembre* 1792. VI. p. 211.

———— *Loi* qui remplace provisoirement la peine des fers par celle des galéres. (6 *Octobre* 1792.) VI. p. 310.

———— *Loi* qui met en liberté les militaires détenus aux galéres pour désertion antérieure à la déclaration de guerre. (4 *Avril* 1793.) VII. p. 7.

Galériens étrangers. *Proclamation du Roi*, relative aux individus etrangers condamnés aux galéres. (27 *Mai* 1790, sur décrêt du 20 du même mois.) Ier. p. 216.

———— pour délits de chasse. Voy. *Droits féodaux.*

Gand. *Loi* qui réunit la ville de gand à la république française. (2 *Mars* 1793.) VI. p. 440.

Garde meuble. Voy. *Liste civile.*

Gardes nationales. *Loi* qui régle l'uniforme des gardes nationales. (20 *Juillet* 1791, sur décrêt du 13 *Juin* 1791.) III. p. 403.

———— *Loi* relative à l'organisation de la garde nationale. (14 *Octobre* 1791, sur décrêt du 5 *Septembre* 1791.) V. p. 31.

Gardes des bois. *Loi* concernant les rapports des gardes, pour délits commis dans les bois. (5 *Janvier* 1791, sur décrêt du 27 *Décembre précédent.*) II. p. 309.

———— des détenus. Voy. *Détenus.*

———— des forêts. Voy. *forêts.*

———— des scéllés. Voy. *Scéllés.*

Gardiens. Voy. *Scéllés.*

Garennes. Voy. *Droits féodaux.*

Geolier. Voy. *Evasion.*

Gênes. Loi qui ordonne l'exécution des traités existant entre la france et la république de gênes. (2 *Nivôse* an 2.) VIII. p. 183.

Généraux. Voy. *Pensions.*

Geniévre. Voy. *Eaux de vie de grains.*

Gens de guerre. Voy. *Logement* et *traitement.*

—— *de mer.* Voy. *Cassation, avancement, classes* et *réquisition.*

Gomme. Loi qui admet à la traite de la gomme, dans le sénégal, les bâtimens américains et ceux des nations avec lesquelles la république française n'est pas en guerre. (29 *Mars* 1793.) VI. p. 500.

Gouvernement. Loi sur le mode de gouvernement provisoire et révolutionnaire. (14 *Frimaire* an 2.) VIII. p. 100.

Grades militaires. Loi portant qu'aucun citoyen ne sera promu à des grades militaires, s'il ne sait lire et écrire. (27 *Pluviôse* an 2.) VIII. p. 321.

Grains. Déclaration du Roi, pour sanctionner et faire exécuter divers arrêtés de l'assemblée nationale, concernant la sortie et la circulation des grains. (27 *Septembre* 1789.) I. p. 9.

—— *Lettres patentes du Roi,* relatives à la libre circulation et au prix des grains. (30 *Mai* 1790.) I. p. 218.

—— *Loi* relative aux grains, farines et légumes venant de l'étranger. (17 *Novembre* 1790, *sur décret du* 11 *du même mois.*) II. p. 128.

—— *Loi* relative à la circulation des grains et farines dans l'intérieur du royaume. (12 *Décembre* 1790, *sur décret du* 7 *du même mois.*) II. p. 238.

—— *arrêt* du conseil d'état du Roi, portant sanction des décrets de l'assemblée nationale, des 29 Août et 18 Septembre 1789, pour ordonner la libre circulation des grains dans l'intérieur, et en défendre provisoirement

rement l'exportation hors du royaume. (21 *Septembre* 1789.) I. p. 6.

Grains. *Loi* relative à la libre circulation des grains farines et légumes secs, dans l'étendue du territoire de la république. (8 *Décembre* 1792.) VI. p. 359.

——— *Loi* relative à la vente des grains ou farines. (22 *Décembre* 1792.) VI. p. 371.

——— Voy. *Canal des deux mers*, *exportation* et *maximum*.

Grand livre. *Loi* qui ordonne la formation d'un grand livre de la dette publique. (24 *Août* 1793.) VII. p. 305.

——— Voy. *Rentes.*

Gratification. *Loi* relative à une gratification accordée aux soldats en garnison sur les vaisseaux. (31 *Octobre* 1790, *sur décret du 26 du même mois.*) II. p. 78.

——— Voy. *Artistes*, *employés*, *loteries*, et *pensions.*

Greffes. Voy. *Offices.*

Greffiers. Voy. *Vente de meubles.*

Grêle. Voy. *Indemnité* et *pertes.*

Guerre. *Loi* portant déclaration de guerre contre le Roi de hongrie et de bohême. (20 *Avril* 1792, *sur décret du même jour.*) V. p. 324.

——— Déclaration de guerre. (25 *Avril* 1792.) an 4 de la liberté. V. p. 330.

——— *Loi* contenant déclaration de guerre au Roi d'angleterre, et au stathouder des provinces unies. (1er *Février* 1793.) VI. p. 401.

——— *Loi* qui ordonne le séquestre de sommes appartenant aux princes et aux gouvernemens avec lesquels la république est en guerre. (2 *Février* 1793.) VI. p. 402.

——— *Loi* qui déclare que la république française est en guerre avec l'Espagne. (7 *Mars* 1793.) VI. p. 444.

——— Voy. *Payeur général.*

Guer-

Guerre biens des puissances avec lesquelles la république est en guerre. Voy. *Sequestre*.

Guides. *Loi* relative à la formation d'une compagnie de guides, pour chacune des trois armées. (27 *Avril* 1792, sur décrêt du 25.) V. p. 330.

Guillotine. *Loi* relative à la liquidation des frais de transport de la guillotine. (12 *Prairial* an 2.) VIII. p. 484.

H.

Habillement (objets d') ou d'équipement soustraits. Voy. *Equipement*.

Hainaut. *Loi* qui réunit le pays de *Hainaut* à la république française. (2 *Mars* 1793.) VI. p. 437.

Hareng. Voy. *Pêche*.

Henrichemont (pays d') *Loi* portant réunion du pays d'henrichemont à la france. (4 *Novembre* 1791, sur décrêt du 27 *Septembre* 1791.) V. p. 194.

Hôpitaux. *Loi* relative aux biens formant la dotation des hôpitaux et maisons de charité. (1er *Mai* 1793.) VII. p. 33.

—— *militaires*. *Loi* relative aux hôpitaux sédentaires et ambulans, qui doivent être établis pour le service des armées. (5 *Mai* 1792, sur décrêt des 21 et 27 *Avril* 1792.) V. p. 343.

—— *Loi* relative aux formalités à observer par les militaires avant leur entrée dans les hôpitaux. (13 *Pluviôse* an 2.) VIII. p. 291.

—— Voy. *Service de santé*.

Hôtels de ville. *Loi* relative aux hôtels de ville et autres édifices, servant à loger des fonctionnaires publics. (30 *Janvier* 1791, sur décrêt du 16 Octobre 1790.) II. p. 360.

Hôtel de ville de Paris. *Loi* portant que les rentes sur l'hôl'hôtel de ville de Paris, seront payées à bureau ouvert. (24 *Germinal* an 2.) VIII. p. 457.

Huissiers. *Loi* relative au payement des huissiers des tribunaux criminels. (26 *Novembre* 1792.) VI. p. 347.

———— *Loi* relative aux huissiers des juges de paix des villes divisées en plusieurs sections. (9 *Fevrier* 1793.) VI. p. 409.) VI. p. 229.

——— Voy. *Vente des meubles.*

Hydrographie. Voy. *Ecoles.*

Hypothèques. *Loi* relative aux hypothèques des biens acquis par le roi au nom de la nation. (10 *Septembre* 1792.) VI. p. 229.

——— Voy. *Droits.*

I.

Ile Bourbon. *Loi* qui donne à l'île bourbon, le nom d'ile de la réunion. (19 *Mars* 1793.) VI. p. 463.

Ile de corse. *Lettres patentes du Roi*, portant que l'île de corse, fait partie de l'empire français. (*Janvier* 1790, *sur décrêt du* 30 *Novembre* 1879.) Ier. p. 103.

——— *de la réunion.* Voy. *Ile Bourbon.*

Iles et colonies. *Loi* relative aux armemens de vaisseaux destinés pour le commerce des îles et colonies françaises. (17 *Juillet* 1791, *sur décrêt du* 22 *Juin* 1791.) III. p. 392.

Immeubles. Voy. *Adjudication*, *émigrés*, *fabriques*, *fondation.*

Impératives. (clauses) Voy. *Contrats.*

Importation. *Loi* relative aux marchandises étrangères importées dans les départemens du haut et du bas-rhyn. (10 *Juillet* 1791, *sur décrêt du* 7 *Juillet* 1791.) III. p. 367.

——— *Loi* qui admet en exemption de tous droits, les subsistances et autres objets d'approvisionnement, importés dans les ports des colonies, par les vaisseaux des états unis. (26 *Mars* 1793.) VI. p. 470.

Indemnité. *Loi* relative à la liquidation de l'indemnité due pour les jurandes et maîtrises. (16 *Octobre* 1791, *sur décret du* 30 *Septembre* 1791.) V. p. 66.

—— *Loi* qui accorde une indemnité aux jurés d'accusation, de jugement, et aux jurés adjoints. (16 *Août* 1793.) VII. p. 285.

Indemnités. *Loi* additionnelle à celles des 20 Février et 7 Août 1793, sur les indemnités ou secours dûs pour pertes occasionnées par des accidens imprévus. (1er *Brumaire* an 2.) VIII. p. 5.

—— *Loi* relative aux indemnités à accorder aux fermiers qui auront éprouvé des pertes par l'intempérie des saisons. (11 *Pluviôse* an 2.) VIII. p. 290.

—— *Loi* qui prescrit les formalités à observer de la part des militaires qui réclament une indemnité pour leurs équipages de guerre, pris par l'ennemi. (4 *Germinal* an 2.) VIII. p. 422.

—— Voy. *Défenseurs de la patrie, invasion, militaires, princes allemands.*

Indigens. Voy. *Consignation d'amende* et *secours.*

Indivis. Voy. *Biens nationaux.*

Inféodation. Voy. *Féodalité.*

Inondation. Voy. *Pertes.*

Inscription civique. *Proclamation du Roi,* relativement aux formes de l'inscription civique. (18 *Juin* 1790.) Ier. p. 237.

—— *sur le grand livre.* Voy. *Rentes.*

Intérêts. Voy. *Comptables.*

Inscrits sur la liste des émigrés. *Loi* qui ordonne un sursis à la vente des biens de ceux qui prétendent avoir été mal-à-propos compris dans la liste des émigrés. (13 *Floréal* an 2.) VIII. p. 469.

Insurrections. *Loi* portant abolition de toutes procédures criminelles pour délits commis dans les insurrectitions relatives aux subsistances. (11 *Fevrier* 1793.) VI. p. 413.

Insurrections. *Loi* qui abolit les procès criminels intentés à l'occasion d'insurrections dans les places fortes et dans les armées. (12 *Fevrier* 1793.) VI. p. 416.

—— *Loi* qui abolit les procédures et jugemens relatifs aux insurrections populaires, occasionnées à raison de l'accaparement et du surhaussement du prix des denrées. (8 *Frimaire* an 2.) VIII. p. 85.

Institut national de musique. *Loi* qui ordonne la formation d'un institut national de musique à Paris. (18 *Brumaire* an 2.) VIII. p. 44.

Instituteur. *Loi* qui établit un instituteur à bord des vaisseaux de vingt canons et au-dessus. (16 *Pluviôse* an 2.) VIII. p. 298.

Instruction publique. *Loi* sur l'organisation de l'instruction publique. (29 *Frimaire* an 2.) VIII. p. 169.

—— Voy. *Colléges, établissemens* et *instituteur*.

Intérêt. *Lettres patentes du Roi*, relatives au prêt à intérét. (3 *Octobre* 1789.) I. p. 19.

Invalides de la marine. *Loi* relative à la caisse des invalides de la marine. (13 *Mai* 1791, *sur décrêt des* 28 et 30 *Avril* 1791.) III. p. 179.

—— *Loi* relative aux invalides. (17 *Avril* 1791, *sur décrêt du* 28 *Mars précédent*.) III. p. 110.

—— (hôtel des) *Loi* relative au ci-devant hôtel des invalides, conservé sous la dénomination d'hôtel national des militaires invalides. (16 *Mai* 1792, *sur décrêt du* 30 *Avril* 1792.) V. p. 353.

—— *Loi* qui autorise à admettre provisoirement à l'hôtel des invalides les militaires revenant des armées avec des blessures et des infirmités. (12 *Janvier* 1793.) VI. p. 393.

—— *de la marine.* *Loi* relative aux brevêts de l'hôtel ou de la pension des invalides à accorder aux

trou-

troupes et officiers de santé de la marine. (18 *Juillet* 1793.) VII. p. 207.

Invasion. **Loi** relative aux indemnités accordées pour les pertes occassionnées par l'invasion de l'ennemi.. (27 *Fevrier* et 14 *Août* 1793.) VII. p. 269.

—— *Loi* relative aux indemnités à accorder aux communes, qui en 1792, ont éprouvé des pertes occasionnées par l'invasion de l'ennemi. (14 *Août* 1793.) VII. p. 273.

—— *Loi* qui fixe des régles pour la répartition de ces indemnités. (27 *Fevrier* 1793.) VII. p. 269.

—— *Loi* relative à l'exécution des jugemens criminels dans les pays occupés par les ennemis de la république ou par les rebelles. (16 *Août* 1793.) VII. p. 284.

—— *Loi* contre les français qui auroient accepté des fontions publiques dans les parties du territoire français envahies par l'ennemi. (7 *Septembre* 1793.) VII. p. 368.

—— *Loi* relative aux procès criminels dans lesquels l'envahissement du territoire français empêcherait de produire les preuves nécessaires à la manifestation de la vérité. (30 *Septembre* 1793.) VII. p. 437.

—— *Loi* interprétative de la loi des 27 Fevrier et 14 Août 1793, concernant les indemnités à accorder aux citoyens qui auront éprouvé des pertes par l'invasion de l'ennemi. (6 *Frimaire* an 2.) VIII. p. 81.

—— Voy. *Procedures, domaines nationaux* et *trahison.*

Inventions. Voy. *Brevets d'invention* et *propriété.*

J.

Jais. **Loi** relative au jais brut et au jais travaillé. (11 *Mai* 1792, *sur décret du* 5 *Mai* 1792.) V. p. 346.

Jésuites. Voy. *Communautés.*

Jouaillerie. Voy. *Colonies.*

Jardins des plantes. *Loi* relative à l'organisation du jardin national des plantes et du muséum d'histoire naturelle. (10 *Juin* 1793.) VII. p. 148.

Jésuites. *Loi* relative à la régie et vente des biens des ci-devant jésuites. (18 *Juillet* 1793.) VII. p. 209.

Jugement. *Loi* sur la validité des jugemens auxquels ont concouru des gradués et des hommes de loi. (29 *Août* 1792.) VI. p. 156.

—— *Loi* relative aux jugemens non signés par les juges devenus membres de la convention nationale.) 27 *Mars* 1793.) VI. p. 472.

—— *Loi* qui prescrit la manière dont les juges doivent opiner. (26 *Juin* 1793.) VII. p. 158.

—— Voy. *Cour martiale*, *émigration*, *émigrés*, *minutes* et *séparation*.

—— *en matière criminelle.* Voy. *Invasion* et *révision*.

—— *par défaut.* Voy. *Absens*, *dépositaires* et *émigrés*.

—— *prévôtaux.* *Loi* relative à l'appel des jugemens prévôtaux. (5 *Janvier* 1791, *sur décrêt du 24 Décembre précédent.*) II. p. 323.

Juges. *Loi* relative au respect dû aux juges et à leurs jugemens (17 *Avril* 1791, *sur décrêt du 28 Février* 1791.) III. p. 104.

—— *Loi* relative aux commissions pour l'exercice des fonctions de juges. (6 *Octobre* 1792.) VI. p. 310.

—— *Loi* sur l'exclusion résultante d'une alliance contractée entre deux juges d'un tribunal. (29 *Septembre* 1793.) VII. p. 434.

—— *de paix.* *Loi* contenant une nouvelle fixation de l'âge nécessaire pour être juge de paix. (16 *Septembre* 1792.) VI. p. 247.

—— *Loi* qui prescrit la manière de procéder aux nominations de juges de paix pendant la durée du gouvernement révolutionnaire. (8 *Nivôse* an 2.) VIII. p. 190.

—— Voy. *Incompatibilité* et *militaires*.

Juifs.

Juifs. *Lettres patentes du Roi*, relatives aux juifs portugais, espagnols et avignonais. (28 *Janvier* 1790.) I. p. 101.

—— *Lettres patentes du Roi*, portant abolition des taxes auxquelles ils étaient soumis. (7 *Août* 1790.) I. p. 272.

—— *Loi* relative aux juifs de la ci-devant province d'alsace. (13 *Novembre* 1791, *sur décret du* 28 *Septembre* 1791.) V. p. 196.

—— *Loi* relative aux juifs. (13 *Novembre* 1791, *sur décret du* 27 *Septembre* 1791.) V. p. 229.

Jurandes. Voy. *Aides et indemnité.*

Jurés. *Loi* qui fait concorder les lois sur les jurés avec le calendrier de l'Ere républicaine. (5 *Frimaire* an 2.) VIII. p. 80.

—— *Loi* contenant un nouveau mode de formation des listes de jurés et de désignation des juges de district pour siéger aux tribunaux criminels. (2 *Nivôse* an 2.) VIII. p. 175.

—— Voy. *Indemnité* et *jury.*

Jurés priseurs. Voy. *Offices.*

Jurisprudence criminelle. *Lettres patentes du Roi*, en forme d'édit, portant sanction du décret de l'assemblée nationale, sur la réformation de quelques points de la jurisprudence criminelle. (8 et 9 *Octobre* 1789.) I. p. 11.

Jury. *Loi* concernant la police de sûreté, la justice criminelle et l'établissement des jurés. (29 *Septembre* 1791, *sur décret du* 16 *Septembre* 1791.) IV. p. 244.

—— *Loi* qui fixe l'époque à laquelle l'institution du jury commencera à avoir son exécution. (29 *Septembre* 1791, *sur décret du* 17 *Septembre* 1791.) IV. p. 289.

Jury d'accusation. *Loi* relative aux déclarations du jury d'accusation. (3 *Juin* 1793.) VII. p. 99.

Justice criminelle. Voy. *Jury.*

Jus-

Justice de paix. *Loi* contenant règlement pour la procédure en la justice de paix. (26 *Octobre* 1790, *sur décret des* 14 et 18 *du même mois.* II. p. 39.

—— *militaire.* *Loi* sur l'organisation de la justice militaire. (3 *Pluviôse* an 2.) VIII. p. 242.

—— *Seigneuriale.* Voy. *Droits féodaux et offices.*

L.

Laines. Voy. *Exportation.*

Lais et *relais de la mer.* — Voy. *Concession.*

Lamaneurs. Voy. *Pilotes.*

Legs. *Loi* relative aux dons, pensions et legs faits depuis le 14 Juillet 1789. (5 *Frimaire* an 2.) VIII. p. 80.

Légumes. — Voy. *Exportation.*

Lelling empire. — Voy. *Biding.*

Lettres. *Loi* relative à la taxe des lettres, destinées pour l'armée. (27 *Juin* 1792, *sur décret du* 23 *du même mois.*) V. p. 425.

—— Voy. *Postes et secret.*

—— *Patentes du grand conseil.* Voy. *Recours.*

Luxe. (objets de) Voy. *Exportation.*

Levant. *Loi* relative au commerce du levant et de barbarie. (29 *Juillet* 1791, *sur décret du* 21 *Juillet* 1791.) III. p. 475.

Liberté. *Loi* portant que tout homme est libre en france. (16 *Octobre* 1791, *sur décret du* 28 *Septembre* 1791.) V. p. 84.

—— *de la* ———. *Loi* relative à l'abolition des procès ......els pour faits relatifs à la liberté de la presse. (3 *Septembre* 1792.) VI. p. 190.

Liége. *Loi* portant réunion du pays de Liége à la france. (8 *Mai* 1793.) VII. p. 50.

Lieutenans de vaisseaux. Voy. *Marine.*

lai pour faire procéder à leur liquidation. (21 *Floréal* an 2.) VIII. p. 471.

Liquidation. Voy. *Emigrés*, *offices*, *pays d'etat*, et *timbre*.

Liste. Voy. *Citoyens actifs* et *emigrés*.

Liste civile. *Loi* relative à la liste civile. (1er *Juin* 1791, *sur décret du* 26 *Mai précédent.*) III. p. 275.

—— *Loi* relative à l'administration des biens faisant partie des revenus de la liste civile. (6 *Septembre* 1792.) VI. 209.

—— *Loi* relative anx déclarations à faire par les fermiers, dépositaires et débiteurs de la liste civile, et des ci-devant ordres supprimés. (10 *Novembre* 1792.) VI. p. 327.

—— *Loi* relative aux employés dans les maisons et domaines de la ci-devant liste civile, et de l'administration des biens qui en dépendaient. (27 *Novembre* 1792.) VI. p. 348.

—— *Loi* relative à la location des terrains en friche dépendant de la ci-devant liste civile, et des domaines des ci-devant princes français. (28 *Fevrier* 1793.) VI. p. 432.

—— *Loi* relative à la vente du mobilier du garde-meuble national et de la ci-devant liste civile. (10 *Juin* 1793.) VII. p. 135.

—— *Loi* relative aux pensionaires et gagistes de la ci-devant liste civile. (17 *Germinal* an 2.) VIII. p. 448.

—— Voy. *Emigrés* et *maison du Roi.*

—— (biens de la) Voy. *Administration* et *régie.*

Logement. *Lettres patentes du Roi*, portant que tous les citoyens sont soumis au logement des gens de guerre. (7 *Avril* 1790, *sur décret du* 23 *Janvier précédent.*) I. p. 169.

Logne. Voy *Franchimont.*

Loire. Voy. *Rhône et Loire.*

Lois. *Loi* qui ordonne l'exécution provisoire des lois non abrogées, &c. (21 *Septembre* 1792.) VI. p. 305.

—— *Loi* relative à l'envoi des lois aux districts et communes restés fidéles à la république. (2 *Juillet* 1793.) VII. p. 181.

—— Voy. *Exécutoire* (formule), *promulgation* et *publication.*

—— *martiale.* *Loi* portant abolition de la loi martiale. (23 *Juin* 1793.) VII. p. 155.

Loteries. *Loi* relative aux traitemens et gratifications des préposés de l'administration des loteries. (26 *Mai* 1793.) VII. p. 95.

—— *Loi* qui supprime toutes les loteries autres que celle de france. (28 *Vendémiaire* an 2.) VII. p. 499.

—— *Loi* qui supprime toutes les loteries. (25 *Brumaire* an 2.) VIII. p. 47.

—— *Loi* relative à la suppréssion des loteries. (27 *Frimaire* an 2.) VIII. p. 160.

—— Voy. *Droits.*

M.

Maison du Roi. *Loi* concernant la liquidation des offices de la maison du ci-devant Roi, et des secours ou pensions à accorder aux gagistes et anciens pensionnaires de la liste civile. (27 *Août* 1793.) VII. p. 350.

Maisons de charité. Voy. *Hôpitaux.*

Maisons royales. *Loi* relative à l'or et à l'argenterie, trouvés dans les maisons royales. (3 *Septembre* 1792.) VI. p. 178.

Maîtrises. Voy. *Aides, eaux et forêts,* et *indemnité.*

Majorité. *Loi* interprétative de celle du 20 Septembre 1792, en ce qui concerne l'âge fixé pour la majorité. (31 *Janvier* 1793.) VI. p. 398.

Malte. *Loi* qui ordonne la vente des biens de l'ordre de malte. (19 *Septembre* 1792.) VI. p. 263.   *Mal-*

Malte (biens de) *Loi* qui fixe le mode d'exécution de celle relative à la disposition des biens dont jouissait le ci-devant ordre de malte. (22 *Octobre* 1792.) VI. p. 320.

——— *Loi* qui excepte plusieurs effets de la vente du mobilier appartenant aux établissemens de l'ordre de malte. (12 *Novembre* 1792.) VI. p. 328.

——— *Loi* qui accorde des pensions aux membres non employés de l'ordre de malte. (2 *Décembre* 1792.) VI. p. 356.

——— *Loi* concernant les revenus des biens que les ci-devant titulaires de l'ordre de malte possédaient en france. (15 *Juin* 1793.) VII. p. 152.

——— (ordre de) Voy. *Congrégations.*

Malversations. Voy. *Biens nationaux.*

Manufactures d'armes. Loi relative aux manufactures nationales d'armes de guerre. (19 *Août* 1792.) VI. p. 78.

Maquereau. Voy. *Pêche.*

Marais. Voy. *Desséchement.*

Marchandises. Loi relative à la liberté d'exposer différentes marchandises. (28 *Septembre* 1791, *sur décret du* 23 *du même.*) IV. p. 238.

——— *Loi* relative aux navires neutres, chargés de comestibles ou de marchandises pour les puissances ennemies. (9 *Mai* 1793.) VII. p. 52.

——— Voy. *Maximum.*

——— *anglaises: Loi* qui proscrit du sol de de la république toutes marchandises fabriquées ou manufacturées dans les pays soumis au gouvernement britanique. (18 *Vendémiaire* an 2.) VII. p. 464.

——— *ennemies. Loi* qui ordonne l'exécution de celle relative aux navires neutres, chargés de comestibles ou de marchandises appartenant aux puissances ennemies. (27 *Juillet* 1793.) VII. p. 251.

Marchés. Loi relative aux entrepreneurs et fournisseurs
qui

miscer dans les opérations maritimes. (26 *Janvier* 1793.) VI. p. 396.

Marine. *Loi* qui détermine le mode de remplacement des officiers de la marine, et l'uniforme de la marine militaire de la république. (6 *Fevrier* 1793, *décrété les* 13 *Janvier* et 6 *Février.*) VI. p. 406.

—— *Loi* relative aux piéces à produire pour les paiemens à faire concernant le service de la marine. (18 *Fevrier* 1793.) VI. p. 422.

—— *Loi* qui autorise à faire marquer dans les bois des particuliers tous les arbres propres au service de la marine. (4 *Octobre* 1793.) VII. p. 456.

—— Voy. *Armée navale, dépenses de la marine, écoles, novices, officiers de paix, payeur général.*

Marins. *Loi* relative aux matelots et aux autres gens de mer qui, au désarmement des vaisseaux de l'état, voyageront pour retourner dans leurs quartiers. (11 *Février* 1791, *sur décrêt du* 3 *du même mois.*) II. p. 389.

—— *Loi* relative aux vêtemens des marins. (16 *Pluviôse* an 2.) VIII. p. 301.

Marque. Voy. *Peines.*

—— *des objets d'or* et *d'argent.* Voy. *Droits.*

Marseille. *Loi* concernant les relations de commerce de marseille dans l'intérieur du royaume, dans les colonies et avec l'étranger. (1er *Août* 1791, *sur décrêt des* 26 et 28 *Juillet* 1791.) IV. p. 1er.

Masses. *Loi* relative à la fixation des masses destinées à l'entretien des différentes parties de l'armée. (11 *Février* 1791, *sur décrêt du* 1er *du même mois.*) II. p. 368.

Mathématiques. Voy. *Ecoles.*

Matières d'or et *d'argent.* Voy. *Exportation.*

Maximum. *Loi* qui fixe un maximum du prix des grains, farines et fourrages, et prononce des peines contre l'exportation. (11 *Septembre* 1793.) VII. p. 380.

Maxi-

Maximum. *Loi* qui fixe le maximum du prix des denrées et marchandises de première nécessité. (29 *Septembre* 1793.) VII. p. 430.

—— *Loi* qui comprend tous les comestibles dans la loi du maximum. (2 *Octobre* 1793.) VII. p. 454.

—— *Loi* relative à la formation d'un tarif pour le maximum des marchandises dans toute l'étendue de la république· (11 *Brumaire* an 2.) VIII. p. 30.

—— *Loi* relative à une fixation générale des denrées et marchandises soumises à la loi du maximum. (6 *Ventôse* an 2.) VIII. p. 380.

Médailles de confiance. *Loi* qui défend d'émettre et de faire circuler une monnaie sous le nom de médailles de confiance. (3 *Septembre* 1792.) VI. p. 191.

Médicamens. Voy. *Pharmacie*.

Mendians. *Loi* relative aux mendians condamnés à la déportation. (11 *Brumaire* an 2.) VIII. p. 31.

Mendicité. *Lettres patentes du Roi*, sur le décrét de l'assemblée nationale du 30 Mai 1790, concernant les mendians de Paris ou dans les départemens voisins. (13 *Juin* 1790.) Ier. p. 234.

—— *Loi* contenant des mesures pour l'extinction de la mendicité. (24 *Vendémiaire* an 2.) VII. p. 480.

—— Voy. *Mendians*.

Messageries. *Loi* relative aux méssageries et voitures publiques, tant par eau que par terre. (19 *Janvier* 1791, *sur décrét des* 6 *et* 7 *du même mois*.) II. p. 344.

—— *Proclamation du Roi*, pour le service des méssageries nationales, coches et voitures d'eau. (10 *Avril* 1791.) III. p. 63.

—— Voy. *Coches* et *postes*.

Mesures. *Loi* portant que la mesure appelée pinte, sera nommée cadil. (30 *Nivôse* an 2.) VIII. p. 241.

Métiers. Voy. *Communauté*.

Mi-

Militaires. *Loi* qui accordes 5 sous par lieuë de poste aux convalescens militaires. (26 *Novembre* 1792.) VI. p. 347.

—— *Loi* relative à l'indemnité à accorder aux militaires employés dans les armées, dont les équipages de guerre auront été pris par les ennemis. (7 *Mai* 1793.) VII. p. 48.

—— Voy. *Certificats de résidence, code, défenseurs de la patrie, emplois, galères, indemnités, offices, pensions, soldats* et *témoins.*

—— *estropiés.* *Loi* relative au traitement des soldats ou officiers qui ont perdu l'usage d'un ou de plusieurs membres. (8 *Juillet* 1793.) VII. p. 184.

Milles. *Loi* relative aux milles qui bordent les routes. (20 *Septembre* 1793.) VII. p. 405.

Millésime des monnaies. Voy. *Ere républicaine.*

Mines. *Loi* relative aux mines. (28 *Juillet* 1791, *sur décrêt des* 27 *Mars* 15 *Juin* et 12 *Juillet* 1791.) III. p. 434.

—— *Loi* contenant rectification d'une erreur dans celle du 28 Juillet 1791, sur les mines. (23 *Mars* 1792, *sur décrêt du* 20 *Septembre* 1791,) V. p. 297.

—— Voy. *Nitrières artificielles.*

Mineurs. Voy. *Mariage.*

—— *Loi* relative à l'organisation des compagnies de mineurs. 14 *Brumaire* an 2.) VIII. p. 41.

Ministère. *Loi* relative à l'organisation du ministère. (25 *Mai* 1791, *sur décrêt du* 27 *Avril* 1791.) III. p. 224.

Minutes. *Loi* relative à la manière de procéder, au cas de destruction ou enlèvement de minutes de jugemens non exécutés, ou de procédures criminelles encore indécises. (29 *Floréal* an 2.) VIII. p. 480.

Mission. Voy. *Représentans du peuple.*

Mobilier. Voy. *Cultes, domaines nationaux* et *liste civile.*

Mobilières. Voy. *Contributions.*　　　　　　Mo.

Monaco. *Loi* qui réunit à la république française la principauté de monaco. (14 *Fevrier* 1793.) VI. p. 418.

Monnaies. *Loi* relative à la fabrication d'une nouvelle monnaye d'argent en pièces de 30 et de 15 sous. (19 *Janvier* 1791, *sur décrèt du* 11 *Décembre précédent.*) II. p. 341.

—— *Loi* relative aux empreintes des monnaies. (15 *Avril* 1791, *sur décrèt du* 9 *Avril* 1791.) III. p. 76.

—— *Loi* relative à la fabrication d'une monnaie de cuivre pour faciliter l'échange des assignats. (22 *Mai* 1791, *sur décrèt du* 17 *Mai* 1791.) III. p. 208.

—— *Loi* relative à l'organisation des monnaies, et à la surveillance et vérification du travail de fabrication des espèces d'or et d'argent. (27 *Mai* 1791, *sur décrèt des* 19 et 21 *Mai* 1791.) III. p. 249.

—— *Loi* relative à la menue monnaie d'argent. (28 *Juillet* 1791, *sur décrèt du* 11.) III. p. 433.

—— *Loi* relative à la fabrication d'une nouvelle monnaie de cuivre. (28 *Juillet* 1791, *sur décrèt du* 18.) III. p. 434.

—— *Loi* relative à la fabrication de la menue monnaie avec le métal des cloches. (6 *Août* 1791, *sur décrèt du* 3.) IV. p. 60.

—— *Loi* concernant la fabrication des monnaies de bronze. (16 *Août* 1792, *sur décrèt du* 7 *du même mois.*) VI. p. 54.

—— *Loi* relative aux titres des espèces de quinze et de trente sous. (18 *Août* 1791, *sur décrèt du* 14.) IV. p. 98.

—— *Loi* additionnelle à celles concernant l'organisation des monnaies. (8 *Septembre* 1791, *sur décrèt du* 30 *Août* 1791.) IV. p. 165.

—— *Loi* relative à la fabrication de la monnaie provenant du métal des cloches. (22 *Avril* 1792, *sur décrèt du* 14.) V. p. 327.

N.

navigation intérieure des riviéres et des canaux. (3 Mars 1793.) VI. p. 441.

Navigation. Loi contenant l'acte de navigation. (21 Septembre 1793.) VII. p. 409.

—— Loi contenant des dispositions relatives à l'acte de navigation. (27 Vendémiaire an 2.) VII. p. 492.

—— (état de la) et du commerce. Loi qui ordonne la publication périodique d'un état de la navigation et du commerce de france, des colonies et des peuples étrangers. (7 Brumaire an 2.) VIII. p. 20.

—— Voy. Congé, douanes, phâres et ports.

Navires. Loi relative aux navires et autres bâtimens de construction étrangère. (13 Mai 1791, sur décret du 4 Mars 1791.) III. p. 191.

—— étrangers. Voy. fret (droit de)

Neutres. Voy. Marchandises ennemies et prises.

Nice. Loi portant que le ci-devant comté de nice fait partie intégrante de la république. (31 Janvier 1793.) VI. p. 397.

—— Loi portant que le ci-devant comté de nice formera un 85me département. (4 Fevrier 1793.) VI. p. 402.

Nitrières artificielles. Loi relative aux nitrières artificielles pour l'usage des arts. (13 Brumaire an 2.) VIII. p. 39.

Négocians retirés. Loi relative aux anciens négocians marchands, banquiers et autres qui se sont retirés du commerce. (10 Août 1791, sur décret du 9 Août 1791.) IV. p. 75.

Négres. Voy. Esclavage et traite.

Neutres (vaisseaux neutres) — Voy. Prises.

Noblesse. Loi qui annulle les procès existant entre des communes et des citoyens, prétendant à la noblesse. (12 Mars 1793.) VI. p. 455.

—— Voy. Titres.

No-

O.

ducteurs interprètes, &c. (8 *Mai* 1791, *sur décrèt des* 14, 19 et 21 *Avril* 1791.) III. p. 176.

Offices. *Loi* relative à la liquidation des offices de substitut des procureurs du Roi, près les justices Royales, de jurés crieurs, certificateurs des criéés, &c. (6 *Août* 1791, *sur décrèt du* 29 *Juillet* 1791.) IV. p. 58.

—— *Loi* relative aux remboursemens à faire aux officiers de judicature supprimés, qui n'étaient point à finance, (20 *Janvier* 1792, *sur décrèt du* 29 *Septembre* 1791.) V. p. 249.

—— *Loi* relative à la liquidation de divers offices - militaires. (1er *Juillet* 1792, *sur décrèt des* 18 et 29 *Mai* et 26 *Juin* 1792.) VI. p. 1er.

—— *Loi* qui fixe le mode-de remboursement des offices des justices seigneuriales. (31 *Août* 1792.) VI. p. 161.

—— *Loi* concernant la liquidation des gréffes et autres offices domaniaux. (17 *Septembre* 1792.) VI. p. 260.

—— *Loi* portant que le prix de la finance des offices ou charges des comptables ou dépositaires des deniers publics, ne peut-être compensé avec leurs débets. (21 *Décembre* 1792.) VI. p. 368.

—— *Loi* relative aux propriétaires d'offices, charges, cautionnemens et autres créances exigibles sur l'état. (12 *Février* 1793, *sur décrèt des* 5 *Janvier*, 4 et 6 *Février* 1792.) V. p. 260.

—— *Loi* relative à la liquidation des propriétaires des gréffes et autres offices domaniaux. (22 *Août* 1793.) VII. p. 289.

—— *Loi* sur la maniére de procéder aux liquidations d'offices. (6 *Pluviôse* an 2.) VIII. p. 273.

—— Voy. *Créanciers de l'état, maison du Roi* et *notariat.*

Officiers comptables. *Loi* relative aux officiers comptables supprimés. (30 *Mai* 1793.) VII. p. 97.

—— *de marine.* *Loi* relative aux officiers de la marine.

ne. (20 *Mai* 1791, *sur décrêt du* 12 *Mai* 1791.) III. p. 209.

Officiers de marine. Voy. *Combat.*

—— *de paix.* *Loi* relative à l'établissement de vingt quatre officiers de police, sous le nom d'officiers de paix dans la ville de Paris. (29 *Septembre* 1791, *sur décrêt du* 21.) IV. p. 288.

—— *généraux.* Voy. *Uniforme.*

—— *ministériels.* *Loi* concernant la suppréssion des officiers ministériels, et l'établissement des avoués. (20 *Mars* 1791, *sur décrêt des* 15, 16, 17 et 18 *Décembre* 1790, et 29 *Janvier* 1791.) III. p. 24.

Opinions. Voy. *Délibération.*

Oppositions. Voy. *Entrepreneurs de travaux nationaux, liquidation* et *trésor public.*

Ordonnance de 1667. *Loi* relative aux tribunaux établis dans les villes où l'ordonnance de 1667, n'a pas été publiée. (8 *Mai* 1791, *sur décrêt du* 28 *Avril* 1791.) III. p. 175.

Ordre judiciaire. *Loi* relative au nouvel ordre judiciaire. (27 *Mars* 1791, *sur décrêt du* 6 *Mars* 1791.) III. p. 28.

—— *Proclamation du Roi*, sur le décrêt de l'assemblée nationale, contenant des articles additionels sur l'ordre judiciaire. (19 *Octobre* 1790, *sur décrêt du* 12 *du même mois.*) II. p. 26.

—— Voy. *Organisation.*

—— *de chevalerie.* *Loi* relative à la suppréssion des ordres de chevalerie. (6 *Août* 1791, *sur décrêt du* 30 *Juillet* 1791.) IV. p. 70.

—— *Loi* relative à l'emploi des biens des ci-devant ordres royaux, hospitaliers et militaires de notre dame du mont-carmel, et de saint-lazare de jérusalem. (28 *Mars* 1792, *sur décrêt du* 17 *Mars* 1792.) V. p. 301.

—— Voy. *Liste civile.*

Orfévrerie. Voy. *Colonies.*

Or-

P.

Pa-

Pape. Loi relative aux brefs , bulles , constitutions , rescrits , décrêts et autres expéditions de la cour de Rome. (17 *Juin* 1791, *sur décrêt du* 9.) III. p. 286.

Papéteries. Loi relative aux fabricans de papiers et propriétaires de papéteries. (28 *Nivôse* an 2.) VIII. p. 240.

—— Voy. *Papetiers.*

Papetiers. Loi relative aux maîtres papetiers et à leurs ouvriers. (26 *Juillet* 1791, *sur décrêt de l'assemblée nationale, du même jour.*) III. p. 432.

Papiers. Loi qui ordonne la vente à l'enchère des papiers et parchemin provenant des comptes et piéces supprimés. (3 *Octobre* 1792.) VI. p. 308.

—— Extrait de la loi qui met en réquisition les entrepreneurs et ouvriers des manufactures de papier. (23 *Nivôse* an 2.) VIII. p. 233.

—— Voy. *Papetiers.*

—— *monnaie.* Voy. *Caisse d' escompte.*

Parcours (droit de) Voy. *Paturage.*

Paris. Voy. *Tribunal de commerce.*

Parlement de Paris. Voy. *Arrêts.*

Partages. Loi relative aux partages des successions *ab intestat.* (15 *Avril* 1791, *sur décrêt du* 8 *Avril* 1791.) III. p. 78.

—— Voy. *Biens communaux* et *communaux.*

—— *d'opinions. Loi* qui détermine la manière de procéder dans les tribunaux criminels en cas de partage d'opinions. (3 *Octobre* 1793.) VII. p. 455.

Passeports. Loi relative aux passeports. (28 *Mars* 1792, *sur décrêt du* 1er *Février* 1792.) V. p. 304.

—— *Loi* relative aux formules de congés et passeports du commerce maritime. (5 *Septembre* 1792.) VI. p. 206.

—— *Loi* sur les passeports nécéssaires à ceux qui se-
rai-

raient dans le cas de sortir du territoire de la république pour leurs affaires. (7 *Décembre* 1792.) VI.
p. 358.

Passeports. Voy. *Vaisseau étranger.*

Patentes. *Loi* qui supprime les payeurs généraux et
les inspecteurs, visiteurs et controleurs des rôles et
patentes. (4 *Décembre* 1792.) VI. p. 357.

—— Voy. *Contributions.*

Paternité. *Loi* relative au jugement des procès en déclaration de paternité. (4 *Pluviôse* an 2.) VIII. p. 270.

Patrons pêcheurs. *Loi* qui confirme définitivement la
juridiction des patrons pêcheurs de la ville de can-
nes. (20 *Mars* 1791, *sur décrêt du* 4 *Mars* 1791.)
III. p. 19.

—— Voy. *Prud'hommes.*

Paturage. *Lettres patentes du Roi*, relatives au droit
de ravage, fautrage, préage, coiselage, et contenant
l'abolition de ces droits. (19 *Avril* 1790.) I. p. 168.

Pauvres. *Loi* relative aux secours à accorder aux citoyens pauvres des départemens, et à ceux de la
municipalité de Paris. (6 *Avril* 1792, *sur décrêt du*
4 *Avril* 1792.) V. p. 309.

—— (soulagement des) Voy. *Biens nationaux.*

Pavillon. *Loi* qui fixe la disposition des couleurs dans
les différens genres de pavillons, ou autres marques
distinctives usitées sur les vaisseaux de guerre et sur
les bâtimens de commerce. (31 *Octobre* 1790, *sur
décrêt du* 24 *du même mois.*) II. p. 77.

—— *français* (bâtiment sous) Voy. *Congés.*

—— *national.* *Loi* qui détermine les formes du pavillon national. (27 *Pluviôse* an 2.) VIII. p. 320.

Payeur général. *Loi* portant établissement, dans chaque département, d'un payeur général des dépenses
de la guerre, de la marine et autres. (12 *Octobre*
1791, *sur décrêt du* 24 *Septembre* 1791.) IV. p. 431.

Pay-

Payeurs généraux. Proclamation du Roi, pour l'éxé-cution de la loi du 12 Octobre 1791, portant éta-blissement de payeurs généraux dans les départemens. (18 Décembre 1791.) V. p. 231.

—— Voy. *Patentes* et *receveurs.*

Pays occupés par l'ennemi. Voy. *Procédures.*

Pays d'états. Loi relative à la liquidation des dettes des ci-devant pays d'états. (17 *Avril* 1791, *sur décrèt du* 12 *Avril* 1791.) III. p. 108.

—— *Loi* relative aux créanciers des ci-devant pays d'états. (29 *Septembre* 1791, *sur décrèt du* 21.) IV. p. 331.

—— Voy. *Emprunts.*

Pays réunis. Voy. *Avignon, Belgique, Biding, Bruxelles, Enting, Corse, Dombes, Franchimont, Gand, Hainaut, Lelling empire, Liége, Logne, Monaco, Nice, Porentruy, Salm, Savoie, Stavelo.* Voy. aussi au mot *Réunion.*

Procédures criminelles. Loi qui prescrit la manière dont les procédures criminelles annullées devront être recommencées. (14 *Mars* 1793.) VI. p. 457.

Péage (droits de) et *autres.* Voy. *Contribution foncière.*

Peaux. Voy. *Exportation.*

Pêche. Loi relative à la pêche dans les provinces de languedoc et du roussillon. (15 *Avril* 1791, *sur décrèt du* 9 *Avril* 1791.) III. p. 80.

—— *Loi* relative à la pêche de la baleine et du cachalot dans les mers du nord et du sud. (27 *Mai* 1792, *sur décrèt du* 23 *du même mois.*) V. p. 409.

—— *Loi* qui exempte de la formalité de la corde et du plomb les poissons salés, provenant de pêche nationale. (16 *Novembre* 1792.) VI. p. 329.

—— *Loi* relative à l'abolition du droit exclusif de la pêche. (6 *Juillet* 1793.) VII. p. 182.

—— *Loi* relative à l'abolition des droits exclusifs de pêche et de chasse. (30 *Juillet* 1793.) VII. p. 253.

Pêche. **Loi** portant que les engagemens relatifs à la pêche ne peuvent excéder le terme d'une année. (2 *Octobre* 1793.) VII. p. 454.

——— *Loi* relative à la pêche du maquereau et du hareng. (15 *Vendémiaire* an 2.) VII. p. 461.

Pêcheurs. **Loi** relative aux pêcheurs des différens ports
du royaume, et notamment à ceux de la ville de Marseille. (12 *Décembre* 1790, *sur décrêt du 8 du même mois.*) II. p. 239.

Peines. **Lettres patentes du Roi,** relatives aux puniti-
ons des délits, &c. (21 *Janvier* 1790.) I. p. 103.

——— *Loi* relative à la peine de mort, à celle de la marque, et à l'exécution des jugemens en matière criminelle. (28 *Septembre* 1791, *sur décrêt du 26 Septembre* 1791.) IV. p. 239.

——— *Loi* relative à la peine de mort, à celle de la marque et aux délais accordés à l'accusé. (30 *Décembre*
1791, *sur décrêt de 26 et 27 Septembre* 1791.) V.
p. 237.

——— *Loi* relative à la peine mort, et au mode d'éxécution qui sera suivi à l'avenir. (25 *Mars* 1792, *sur décrêt du 20 Mars* 1792.) V. p. 298.

——— *Loi* relative à la peine de mort, prononcée sur
procès criminels instruits autrement que par jurés. (7
Août 1792, *sur décrêt du 6.*) VI. p. 36.

——— *Loi* relative aux demandes en abolition ou commutation de peines afflictives et infamantes. (3 *Septembre* 1792.) VI. p. 188.

——— Voy. *Code pénal, code pénal maritime, déportation* et *galères.*

——— *afflictives.* Voy. *Délits.*

——— *correctionnelles.* Voy. *Soldats.*

——— *de mort.* Voy. *Délits militaires.*

——— *infamantes.* Voy. *Délits.*

Pensions. **Décrêt** de l'assemblée nationale, qui prescrit
des

des formalités pour le paiement des pensions, traitemens ou autres créances. (24 *Juin* 1791.) III. p. 305.

Pensions. *Loi* interprétative de plusieurs articles du décrêt
du 3 Août, sur les pensions. (22 *Août* 1791, *sur décrêt du* 18 *Août* 1791.) IV. p. 99.

—— *Loi* relative aux pensions, dons, traitemens, gratifications et secours, et aux formalités à observer
pour s'en procurer le paiement. (4 *Avril* 1792, *sur
décrêt des* 30 et 31 *Mars* 1792.) V. p. 307.

—— *Loi* relative aux pensions accordées sur la caisse
des invalides de la marine. (8 *Juin* 1792, *sur décrêt
du* 30 *Mai précédent*.) V. p. 413.

—— *Loi* relative au paiement des pensions accordées
aux religieux et religieuses· (16 *Août* 1792, *sur décrêt du* 7 *du même mois*.) VI. p. 55.

—— *Loi* qui réduit les pensions accordées aux ecclésiastiques non employés. (27 *Septembre* 1792.) VI.
p. 307.

—— *Loi* qui accorde des pensions de retraite, aux volontaires nationaux et soldats de troupes de ligne hors
d'état de continuer leur service. (10 *Février* 1793,
sur décrêt les 8 et 10 *des*.) VI. p. 410.

—— *Loi* relative aux pensions de retraite des généraux,
sous officiers, volontaires et soldats, mis par leurs
blessures hors d'état de continuer leurs services. (6
Juin 1793.) VII· p. 116.

—— *Loi* relative aux pensions des préposes de la régie
des douanes, et des commis supprimés dans les différens départemens du ministére. (24 *Juillet* 1793.) VII.
p. 228.

—— *Loi* qui supprime les pensions aecordées pour suppression de bénéfices écclésiastiques. (12 *Frimaire* an
2.) VIII. p. 133.

—— *Loi* qui fixe les époques de paiement des rentes
viagères et des pensions dües par la république. (18
Pluviôse an 2.) VIII. p. 305.

Pen-

Pensions. Voy. *Certificats, défenseurs de la patrie, émigrés, legs, maison du Roi, récompenses* et *traitemens.*

Pères et *mères.* Voy. *Emigrés.*

Pertes. Loi qui détermine les formes à observer pour l'évaluation des pertes occasionnées par l'intempérie des saisons et d'autres accidents imprévus. (20 *Février* 1793.) VI. p. 427.

—— Voy. *Invasion de l'ennemi.*

Pétitions. Loi relative aux pétitions présentées aux directoires de districts et de département. (25 *Décembre* 1790. *sur décrêt du* 19 *du même mois.*) II. p. 282.

Phares. Loi relative aux phares, amers, tonnes et balises. (15 *Septembre* 1792.) VI. p. 245.

—— *Loi* relative à l'entretien des phares et feux établis pour la sûreté de la navigation. (2 *Pluviôse* an 2.) VIII. p. 242.

—— (droits de) — Voy. *Régisseurs des domaines.*

Pharmacie. Loi relative à l'exercice de la pharmacie et à la vente et distribution des drogues et médicamens. (17 *Avril* 1791, *sur décrêt du* 14 *Avril* 1791.) III. p. 109.

Pilotes. Loi concernant les pilotes lamaneurs. (15 *Août* 1792, *sur décrêt du* 20 *Juin précédent.*) VI. p. 52.

Places de guerre. Loi concernant la conservation, le classement des places de guerre et postes militaires, la police des fortifications, &c. (10 *Juillet* 1791, *sur décrêt de l'assemblée nationale. des* 24 *Mai,* 25, 27 et 30 *Juin,* 2, 4, 5 et 8 *Juillet* 1791.) III. p. 323.

—— Voy. *Fortifications.*

—— *fortes. Loi* relative aux places fortes et aux moyens de les conserver. (26 *Juillet* 1792, *sur décrêt de la veille.*) VI. p. 23.

—— *Loi* concernant les places assiégées. (26 *Août* 1792.) VI. p. 123.

Plans.

Plans. Voy. *Contributions.*

Plombage (droit de) — Voy. *Douanes.*

Poids et mesures. Loi qui établit l'uniformité et le sistême général des poids et mesures. (1er *Août* 1793.) VII. p. 257.

——— Loi relative à la division des poids au-dessus du grave. (28 *Frimaire* an 2.) VIII. p. 168.

Police. Lettres patentes du Roi, contenant diverses dispositions relatives aux administrations de département et de district, et à l'exercice de la police. (20 *Avril* 1790, *sur décrêt des* 20 et 23 *Mars,* et 19 *Avril même année.*) I. p. 170.

——— Loi relative à la compétence des juges de paix en matière de police. (18 *Juillet* 1791, *sur décrêt des* 6 et 11 *Juillet* 1791.) III. p. 401.

——— Voy. *Navigation, officiers de paix,* et *ports.*

——— *de l'armée.* Voy. *Armée.*

——— *de Paris.* Loi relative à la déclaration à faire par les habitans de Paris, des noms et qualités des étrangers demeurant chez eux. (1er *Août* 1791, *sur décrêt de l'assemblée nationale, du* 27 *Juillet* 1791.) IV. p. 22.

——— Loi relative à la police de Paris, et aux moyens de constater les noms, qualités, et demeures des individus qui y arrivent. (23 *Mai* 1792, *sur décrêt des* 18, 19 et 20 *du même mois.*) V. p. 404.

——— *de sureté.* Loi concernant la police de sureté, la justice criminelle et l'établissement des jurés. (29 *Septembre* 1791, *sur décrêt du* 16 *du même mois.*) IV. p. 244.

——— *municipale.* Loi sur la police municipale, et correctionnelle. (22 *Juillet* 1791, *sur décrêt de l'assemblée nationale du* 19 *Juillet* 1791.) III. p. 406.

——— *rurale.* Loi concernant les biens et usages ruraux, et la police rurale. (6 *Octobre* 1791, *sur décrêt du* 2 *Septembre* 1791.) IV. p. 350.

Pom-

Pommes de terre. **Loi** relative à la culture de la pomme de terre. (25 *Nivôse* an 2.) VIII. p. 236.

Ponts et chaussées. **Loi** relative à l'organisation des ponts et chaussées. (19 *Janvier* 1791, *sur décrét des* 4 *Novembre,* 14, 16, 28, et 31 *Décembre* 1790.) II. p. 351.

——— Instruction concernant le service des ponts et chaussées. (17 *Avril* 1791.) III. p. 82.

——— Voy. *Routes* et *ponts.*

Porentruy. **Loi** qui réunit le pays de porentruy à la république française. (23 *Mars* 1793.) VI. p. 469.

Portion congrue et *biens abandonnés.* Voy. *Salines.*

Ports. **Loi** relative à la police de la navigation et des ports de commerce. (13 *Août* 1791, *sur décrét du* 9 *Août* 1791.) IV. p. 89.

——— Voy. *Douanes.*

——— **Loi** concernant l'administration des ports et objets y relatifs. (12 *Octobre* 1791, *sur décrét du* 21 *Septembre* 1791.) V. p. 21.

——— **Loi** relative à la police des ports, à la perception des droits de navigation, &c. (27 *Mai* 1792, *sur décrét du* 22 *Mai* 1791.) V. p. 406.

——— **Loi** relative à l'approvisionnement et aux travaux des ports. (2 *Septembre* 1792.) VI. p. 171.

——— Voy. *Ouvriers.*

——— *de commerce.* Voy. *Navigation.*

Poste. **Loi** qui fixe le prix du transport des lettres, paquets, or et argent par la poste. (22 *Août* 1791, *sur décrét du* 17 *Août* 1791.) IV. p. 100.

——— *et messageries.* **Loi** relative à l'organisation des postes et messageries, en régie nationale. (24 *Juillet* 1793.) VII. p. 212.

——— **Loi** concernant les messageries, la poste aux lettres et la poste aux chevaux. (9 *Avril* 1793.) VII. p. 11.

Pou-

Poudres. *Proclamation du Roi*, relative aux règles sur la libre circulation des poudres. (18 *Juillet* 1790, *sur décrêt du 4 du même mois.*) Ier. p. 247.

———— *et salpêtres.* *Loi* relative à la fabrication et vente des poudres et salpêtres. (19 *Octobre* 1791, *sur décrêt du 23 Septembre* 1791.) V. p. 86.

———— *Loi* relative à la fabrication des poudres et salpêtres. (23 *Mai* 1792, *sur décrêt du 14 du même mois.*) V. p. 401.

———— *Loi* relative à la vente des poudres et salpêtres. (8 *Juin* 1792, *sur décrêt du 31 Mai précédent.*) V. p. 417.

———— *Loi* concernant les approvisionnemens de salpêtres et de poudres. (11 *Mars* 1793.) VI. p. 450.

———— *Loi* relative aux poudres et salpêtres. (28 *Août* 1793.) VII. p. 357.

Poursuités. Voy. *Régisseurs.*

Pourvoi en cassation. Voy. *Consignation d'amende, corse, exécution* et *recours.*

Pouvoir exécutif. *Loi* concernant la formule des actes de la puissance exécutive. (15 *Août* 1792.) VI. p. 47.

Préage. Voy. *Paturage.*

Préposés. Voy. *Loteries.*

Presbytéres. *Loi* relative à une nouvelle destination des presbytéres des communes qui auraient renoncé au culte public. (25 *Brumaire* an 2.) VIII. p. 46.

Prescription. *Loi* relative à la prescription pour raison des droits corporels et incorporels dépendant des biens nationaux. (6 *Juillet* 1791, *sur décrêt du* 1er *Juillet* 1791.) III. p. 313.

Présse. Voy. *Liberté.*

Prestations. Voy. *Rentes féodales.*

Prêt. Voy. *Intérêt.*

Prêtres. Voy. *Eclésiastiques.*

Pré-

guerre. (5 *Mai* 1792, *sur décrêt du* 4 *Mai* 1792.) V.
p. 341.

Prisonniers de guerre. Loi relative aux prisonniers de
guerre. (2 *Août* 1792, *sur décrêt du* 1er.) VI. p. 32.

—— *Loi* qui approuve un réglement relatif aux prisonniers de guerre. (7 *Août* 1792, *sur décrêt du* 3
du même mois.) VI. p. 37.

—— Réglement relatif aux prisonniers de guerre. (20
Juin 1792.) VI. p. 37.

—— *Loi* sur l'échange des prisonniers de guerre. (19
Septembre 1792.) VI. p. 263.

—— *Loi* qui conserve leurs appointemens aux officiers
français, prisonniers de guerre. (4 *Décembre* 1792.)
VI. p. 357.

—— *Loi* relative aux prisonniers élargis à la suite des
événemens qui ont eu lieu à Paris les 2 et 3 Septembre 1792. (16 *Juin* 1793.) VII. p. 154.

—— *Loi* qui établi un mode uniforme pour l'échange
des prisonniers de guerre. (25 *Mai* 1793.) VII. p. 88.

—— *Loi* qui déclare les bâtimens ennemis, enlevés par
des françois prisonniers, de bonne prise au profit des
capteurs. (18 *Vendémiaire* an 2.) VII. p. 466.

Privilèges. Lettres patentes du Roi, relatives à l'im-
pôt sur les priviléges pour les 6 derniers mois de
1789, et pour l'année 1790. (28, 29 *Novembre* 1789.)
I. p. 22.

Prix des denrées. Voy. *Insurrections.*

Procédures. Loi relative aux procédures, concernant
les délits commis relativement aux droits ci-devant
féodaux et censuels. (30 *Décembre* 1792.) VI. p. 372.

—— *Loi* portant abolition des procédures et jugemens
sur délits relatifs aux ci-devant droits féodaux. (12
Février 1793.) VI. p. 414.

—— *Loi* relative aux délais accordés aux habitans des
lieux occupés par l'ennemi pour se pourvoir contre
les jugemens des tribunaux. (23 *Frimaire* an 2.)
VIII. p. 140.   *Pro-*

Procédures. Voy. *Droits féodaux, justice de paix, minutes, révolution* et *scéllés.*

—— *criminelle. Lettres patentes du Roi,* concernant la réformation provisoire de la procédure criminelle. (22—25 *Avril* 1790.) I. p. 180.

—— *Loi* en forme d'instruction pour la procédure criminelle. (21 *Octobre* 1791, *sur décrêt du* 29 *Septembre* 1791.) V. p. 105.

—— *Loi* relative au jugement des procédures criminelles, portées au tribunal de cassation. (15 *Avril* 1792.) V. p. 318.

—— Voy. *Procès criminels.*

—— *dans les départemens en révolte.* — Voy. *Invasion,* et *révolte.*

—— *nouvelles.* — Voy. *Organisation judiciaire.*

—— *relatives aux faux assignats.* — Voy. *Assignats.*

Procès. Voy. *Communes, droits féodaux* et *enfans naturels.*

Procès criminels. Loi relative à la décision des procès criminels, commencés avec les anciennes formes, incidemment aux appels civils, par les ci-devant parlemens. (16 *Juin* 1793.) VII. p. 153.

—— *Loi* relative aux jugemens des procès criminels élevés incidemment aux procès civils. (6 *Brumaire* an 2.) VIII. p. 18.

Procès verbaux des délits forestiers. Voy. *Enregistrement.*

Procureurs généraux. Voy. *Commissaire du Roi.*

Professeurs. Voy. *Traitemens.*

Prohibition. Voy. *Marchandises anglaises.*

Prohibitives, (clauses) Voy. *Contrats.*

Promulgation. Loi qui règle le mode de la promulgation des lois. (5 *Novembre* 1790, *sur décrêt du* 2 *du même mois.*) II. p. 85.

Pro-

Rachat. *Loi* relative à la faculté de rachat des fonds mouvant, en fiéfs ou en censives des biens nationaux. (19 *Novembre* 1790, *sur décrêt des 3 Mai*, et 14 *Novembre précédent.*) II. p. 141.

—— *Loi* qui règle la forme de la liquidation des rachats offerts aux administrateurs des biens nationaux. (19 *Novembre* 1790, *sur décrêt du 14 du même mois.*) II. p. 143.

—— *Loi* relative au rachat des rentes ci-devant seigneuriales. (5 *Janvier* 1791, *sur décrêt du 23 Décembre* 1792.) II. p. 319.

—— Voy. *Cens, droits féodaux, droits seigneuriaux, rentes foncières.*

Rapports. Voy. *Gardes des bois.*

Rations. Voy. *Fourrages.*

Ravage (droits de) Voy. *Paturage.*

Receleurs. Voy. *Déportation.*

Receveurs. *Loi* relative à la suppression des receveurs des consignations et des commissaires aux saisies réélles. (12 *Septembre* 1791, *sur décrêt des 7* et 10 *Septembre* 1791.) IV. p. 185.

—— *Loi* relative aux receveurs des consignations, et aux commissaires aux saisies réeles. (19 *Octobre* 1791, *sur décrêt du 30 Septembre* 1791.) V. p. 103.

—— *Loi* sur les poursuites relatives aux décès, faillites, évasion, ou abandon des fonctions des receveurs, trésoriers ou payeurs. (11 *Août* 1792.) VI. p. 43.

—— Voy. *Consignations.*

—— *de district.* *Loi* relative aux comptes, à rendre par les anciens receveurs de district. (30 *Germinal* an 2.) VIII. p. 463.

—— (droits des) Voy. *Contributions.*

—— Instruction provisoire rédigée par ordre du Roi, concernant l'ordre de comptabilité à observer par les receveurs de district. II. p. 302.

—— Voy. *Receveurs généraux.* *Re-*

Re-

Redevances. Voy. *Droits féodaux.*

Réduction. Voy. *Décimal* (sistême.)

Réforme. Extrait de la loi relative au traitement ou à la réforme des chevaux employés au service de la république. (13 *Nivôse* an 2.) VIII. p. 196.

Régie générale. *Loi* qui supprime la commission de la régie générale. (24 *Septembre* 1793.) VII. p. 419.

Régie. Voy. *Administration et régie,* et *domaines nationaux.*

Régisseurs des douanes. *Loi* qui attribue aux régisseurs des douanes nationales, la perception des droits de feux, phares, et balisages. (28 *Avril* 1793.) VII. p. 31.

—— *Loi* relative à la continuation des poursuites intentées en réparation de dommages contre le régisseur et ses préposés. (13 *Pluviôse* an 2.) VIII. p. 293.

—— Voy. *Fermiers généraux,* et *impositions indirectes.*

Relais de la mer. Voy. *Concession.*

Relief de laps de tems. *Loi* relative aux demandes en entérinement des lettres de relief de laps de tems, et aux demandes en révision. (19 *Août* 1792.) VI. p. 77.

—— *Loi* relative aux demandes en obtention de lettres de relief de laps de tems. (10 *Décembre* 1792.) VI. p. 362.

—— *décrêt* concernant le pouvoir de statuer sur les demandes en relief de laps de tems. (29 *Brumaire* an 2.) VIII. p. 52.

Religieuses. Voy. *Communautés, religieux, rentes constituées* et *succession.*

Religieux. *Lettres patentes du Roi,* portant réglement du traitement des régliieux qui sortent du cloitre. (26 *Février* 1790, *sur décrêt des* 19 et 20 *du même mois.*) I. p. 107.

—— *Loi* concernant les religieux, religieuses et chanoinesses, séculiers et réguliers. (14 *Octobre* 1790,

sur

sur décrêt des 8, 9, 14, 15, 16, 18, 21, 23, 25 Septembre précédent, et 4, 5 et 8 Octobre.) II. p 11.

Religieux. Voy. *Communautés* et *rentes constituées.*

—— (droits successifs des) Voy. *Succession.*

Religionnaires. *Proclamation du Roi*, relative à la restitution de leurs biens, à leurs héritiers ou ayans droit. (18 *Juillet* 1790, *sur décrêt du* 10 *du même mois.*) Ier. p. 247.

—— *Loi* relative aux biens des religionnaires fugitifs. (15 *Décembre* 1790, *sur décrêt du* 9 *du même mois.*) II. p. 242.

—— *Loi* relative aux biens des religionnaires fugitifs. (20 *Septembre* 1792.) VI. p. 304.

—— *Loi* relative aux héritiers des religionnaires fugitifs, dont les biens ont été confisqués. (17 *Juillet* 1793.) VII. p. 198.

Remplacement. Voy. *Notaires.*

Rentes. *Loi* sur le payement des rentes et de divers autres objets. (23 *Octobre* 1790, *sur décrêt des* 6 *Juin*, 21 *Juillet*, 14, 15 *Août*, et 15 *Octobre précédent*) II. p. 31.

—— *Loi* relative aux retenues à faire sur les rentes ci-devant seigneuriales, fonciéres, perpétuelles ou viagéres. (10 *Juin* 1791, *sur décrêt du* 7 *Juin* 1791.) III. p. 281.

—— *Loi* relative au paiement des rentes dues aux fabriques, colléges, maisons de charité et autres établissemens. (12 *Février* 1792, *sur décrêt du* 7 *Février* 1792.) V. p. 258.

—— *Loi* qui supprime les rentes appanagéres. (24 *Septembre* 1792.) VI. p. 307.

—— *Loi* relative aux moyens d'accélérer l'inscription des rentes sur le grand livre, et aux retenues à faire sur elles. (24 *Vendémiaire* an 2.) VII. p. 472.

—— Voy. *Droits seigneurieux, émigrés, hotel de ville, rentes féodales.*

Ren-

Re-

Retrait féodal. **Lettres patentes du Roi**, relatives aux demandes en retrait féodal ou censuel. (21 *Mai* 1790, *sur décrêt du* 17 *du même mois*.) I. p. 212.

———— *Loi* interprétative de celle du 17 Mai 1790, sur l'abolition du retrait féodal ou censuel. (26 *Mai* 1793.) VII. p. 93.

———— Voy. *Féodalité.*

———— *lignager.* *Loi* interprétative de celle du 19 — 23 Juillet 1790, concernant l'abolition du retrait lignager. (18 *Ventôse* an 2.) VIII. p. 391.

Retraite. *Loi* relative aux traitemens de retraite et appointemens conservés. (7 *Août* 1793.) VII. p. 266.

Réunion. *Loi* qui réunit à la république française, 32 communes sur les bords du Rhin. (14 *Mars* 1793.) VI. p. 457.

———— Voy. *Pays réunis.*

Retenues. Voy. *Rentes.*

Revente sur folle enchère. Voy. *Biens nationaux.*

Révision. *Loi* qui désigne les tribunaux par lesquels les condamnés aux fers, ou à la réclusion ont la faculté de se faire rejuger. (29 *Juin* 1793.) VII. p. 175.

———— *Loi* portant que les jugemens en matière criminelle, quoique rendus dans les formes civiles, sont sujets à la révision. (29 *Juillet* 1793.) VII. p. 253.

Révolte. *Loi* relative aux délais des procédures dans les départemens en état de révolte. (22 *Août* 1793.) VII. p. 187.

———— Voy. *Recrutement.*

Révoltes. *Loi* sur la peine à infliger aux chefs, et instigateurs des révoltés. (10 *Mai* 1793.) VII. p. 54.

Révolution. *Loi* portant abolition de toutes procédures instruites, sur les faits relatifs à la révolution, &c. (15 *Septembre* 1791, *sur décrêt du* 14 *Septembre* 1791.) IV. p. 234.

———— *Loi* portant abolition des actions et des jugemens relatifs à la révolution. (22 *Août* 1793.) VII. p. 288.

Rhône et *loire.* *Loi* qui divise le ci-devant département ment

ment de rhône et loire, en deux départemens, sous les dénominations de la loire et du rhône. (29 *Brumaire* an 2.) VIII. p. 51.

Riviéres. Voy. *Navigation.*

Routes. *Lettres patentes du Roi*, sur un décrèt de l'assemblée nationale, du 26 Juillet 1790, relatif aux droits de propriété, et de voïerie, sur les chemins publics, rues et places de villages, bourgs ou villes, et arbres en dépendant. (15 *Août* 1790.) Ier. p. 273.

—— *Lettres patentes du Roi*, relatives à la conservation des plantations, sur les bords des routes, et à leur renouvellement. (12 *Septembre* 1790.) Ier. p. 420.

—— *Loi* relative à la propriété des arbres, plantés, le long des chemins. (9 *Février* 1793.) VI. p. 410.

—— Voy. *Milles.*

—— et *ponts.* *Loi* qui ordonne la réparation des routes et des ponts. (16 *Frimaire* an 2.) VIII. p. 123.

S.

Saint Lazare. (ordre de) Voy. *Congrégations.*

Saisie. *Loi* relative à la sortie des vins et des liqueurs. (19 *Octobre* 1792.) VI. p. 319.

—— Voy. *Trésor public.*

Saisie arrêt. — Voy. *Entrepreneurs de travaux nationaux, trésor public.*

Saisies réelles. (commissaires aux)—*Loi* relative aux comptes à rendre par les receveurs des consignations, et les commissaires aux saisies réelles. (16 *Germinal* an 2.) VIII. p. 444.

—— Voy. *Receveurs.*

Salines. *Loi* relative à l'exploitation des salins et salines. (19 *Juin* 1792, *sur décrèt du* 28 *Septembre* 1791.) V. p. 422.

—— *Loi* relative aux biens abandonnés par des écclésiastiques, aux ci-devant seigneurs, pour jouir de la por-

portion congrue, et aux salines qui se trouvent parmi les biens nationaux. (14 *Nivôse* an 2.) VIII. p. 204.

Salm. *Loi* qui réunit la ci-devant principauté de Salm au département des vosges. (2 *Mars* 1793.) VI. p. 439.

Salpêtre. *Loi* relative à la fouille du salpêtre, pendant la guerre. (5 *Juin* 1793.) VII. p. 110.

—— *Loi* qui prescrit des mesures, pour multiplier les fabriques de salpêtre. (14 *Frimaire* an 2.) VIII. p. 113.

—— Voy. *Poudres.*

Sanction. *Loi* relative aux décrêts non sanctionnés par le Roi. (11 *Août* 1792, *sur décrêt de la veille.*) VI. p. 42.

Savoie. *Loi* qui réunit la savoie à la république française. (27 *Novembre* 1792) VI. p. 351.

Sceau. *Loi* qui ordonne le changement du sceau des archives de la république française, et de tous les corps administratifs. (22 *Septembre* 1792.) VI. p. 306.

Scellés. (gardiens des) *Loi* contenant des dispositions relatives aux gardiens des scéllés. (20 *Nivôse* an 2.) VIII. p. 230.

—— *Loi* relative aux titres ou procédures, qui se trouvent sous les scéllés. (6 *Pluviôse* an 2.) VIII. p. 271.

—— *Loi* qui défend d'employer des gendarmes ou autres militaires à la garde des scéllés, ou des particuliers. (11 *Pluviôse* an 2.) VIII. p. 289.

—— Voy. *Chatelet.* (commissaires au) *Défenseurs de la patrie, divorce* et *fermiers généraux.* (caisse des)

Secours. *Lettres patentes du Roi,* relatives à la suppréssion et au remplacement des atteliers de secours. (10 *Septembre* 1790.) Ier. p. 397.

—— *Loi* relative aux hôpitaux, maisons et établissemens de secours des divers départemens. (22 *Janvier* 1792, *sur décrêt des* 17 et 19 *Janvier* 1791.) V. p. 251.

Secours. *Loi* contenant organisation des secours pour les enfans, les vieillards et les indigens. (28 *Juin* 1793.) VII. p. 160.

—— *Loi* contenant un nouvelle organisation des secours publics. (19 *Mars* 1793.) VI. p. 463.

—— *Loi* qui accorde des secours aux familles des citoyens, bléssés aux armées. (27 *Nivôse* an 2.) VIII. p. 237.

—— Voy. *Artistes, Défenseurs de la patrie, Maison du Roi, Pauvres,* et *Pensions.*

Secrêt des lettres. *Loi* concernant le secrêt et l'inviolabilité des lettres. (20 *Juillet* 1791, *sur décrêt du* 10 *Juillet* 1791.) III. p. 403.

Sédition. *Loi* portant des peines contre les coupables de sédition. (18 *Juillet* 1791, *sur décrêt du* 18 *Juillet* 1791.) III. p. 401.

Sel. *Lettres patentes du Roi,* sur le sel étranger, et sur le mode de transport du sel déstiné à la consommation du royaume. (22 *Mai* 1790, *sur décrêt du* 14 *du même mois.*) Ier. p. 243.

Sels. *Lettres patentes du Roi,* relatives aux sels destinés pour l'étranger. (26 *Juillet* 1790.) Ier. p. 269.

Sénégal. Voy. *Gomme.*

Séparation. *Loi* relative aux jugemens de séparation, non exécutés, ou attaqués par voie d'appel ou de cassation. (5 *Floréal* an 2.) VIII. p. 467.

Séquestre. *Loi* relative au paiement des sommes séquestrées et déposées. (18 *Août* 1791, *sur décrêt du* 5 *du même mois.*) IV. p. 98.

—— *Loi* relative au séquestre des biens des émigrés. 12 *Février* 1792, *sur décrêt du* 9 *Février* 1792.) V. p. 256.

—— *Loi* relative au séquestre des biens possédés sur le territoire français, par les princes ou puissances avec lesquels la république est en guerre. (9 *Mai* 1793.) VII. p. 51.

Séquestre. *Loi* qui ordonne la saisie, et le séquestre des biens et des propriétés, que les sujets et vaisseaux du Roi d'espagne ont en france. (16 *Août* 1793.) VII. p. 283.

—— Voy. *Emigrés.*

Serment. *Loi* relative au serment des ecclésiastiques. (26 *Août* 1792.) VI. p. 120.

—— Voy. *Déportation.*

Service de santé. *Loi* relative au service de santé des armées et des hôpitaux militaires. (3 *ventôse* an 2.) VIII. p. 324.

Servitudes. Voy. *Féodalité.*

Siége. Voy. *Places fortes.*

Smogleurs. Voy. *Fraudeurs.*

Sociétés. Voy. *Canaux.*

—— *littéraires.* Voy. *Académies.*

Soieries. Voy. *Importation.*

Soldats. *Loi* portant dérogation à celle des 14 et 15 Septembre 1790, et suppression de différentes peines correctionnelles, ci-devant infligées aux soldats. (9 *Mai* 1792, *sur décrét du 4 Mai* 1792.) V. P. 345.

—— *en garnison sur les vaisseaux.* Voy. *Gratification.*

Solde de route. Voy. *Militaires.*

—— *des troupes.* (paiement de la) Voy. *Marchés.*

Soumissions. Voy. *Municipalités.*

Spectacles. *Lettres patentes du Roi,* relatives à la police des spectacles. (17 *Juin* 1790, *sur décrét du 9 du même mois.*) Ier. p. 236.

—— *Loi* relative aux spectacles. (19 *Janvier* 1791, *sur décrét du 13 du même mois.*) II. p. 343.

—— *Loi* relative aux spectacles. (6 *Août* 1791, *sur décrét du 19 Juillet* 1791.) IV. p. 69.

—— Voy. *Ouvrages dramatiques.*

Stavelo. Voy. *Franchimont.*

Subsistances. Voy. *Armées.*

—— *Loi* relative aux commissions données pour achats de grains, fourrages et subsistances. (6 *Septembre* 1793.) VII· p. 365.

Substitutions. Loi portant qu'il n'est plus permis de substituer. (25 *Août* 1792.) VI. p. 119.

—— *Loi* qui abolit les substitutions. (14 *Novembre* 1792. *sur décrêt des* 25, *octobre* et 14 *novembre même année.*) VI. p. 323.

Succession. Lettres patentes du Roi, réglant les droits successifs des religieux qui sortiront de leurs maisons. (26 *Mars* 1790, *sur décrêts des* 20 *Février*, 19 et 20 *Mars précédent.*) Ier. p. 148.

—— *Loi* qui admet les ci-devant religieux et religieuses au partage des successions à échoir. (18 *Vendémiaire* an 2.) VII. p. 468.

—— *Loi* relative aux donations et successions. (17 *Nivôse* an 2.) VIII. p. 214.

—— *Loi* portant qu'il n'y à pas lieu à délibérer sur diverses questions relatives à la loi du 17 Nivôse an 2. (22 *Ventôse* an 2.) VIII. p. 395.

—— *Loi* contenant un mode d'éxécution de la loi du 17 Nivose an 2. (23 *Ventôse* an 2.) VIII. p. 416.

—— Voy. *Coutumes de dévolution.*

—— *échues aux défenseurs de la patrie.* Voy. *Défenseurs de la patrie.*

—— Voy. *Ainesse* et *partage.*

Sucres. Loi relative aux droits d'entrée, sur les sucres, bruts et autres denrées coloniales. (27 *Août* 1792.) VI. p. 140.

Suède. Voy. *Prises.*

Suppléans. Voy. *Tribunaux de commerce.*

Sursis. Voy. *Exécutions.*

T.

T.

autres actes, tenant à l'administration publique, et sur l'enregistrement de ceux des actes de cette nature, qui sont assujéttis à cette formalité, adréssée par ordre du Roi, aux directoires de département. (11 *Mars* 1790.) V. p. 285.

—— *Lettres patentes du Roi*, contenant interprétation du décrêt du 18 Janvier 1790, relatif au contrôle, et papier timbré (11 *Mai* 1790, *sur décrêt du* 10 *Avril.*) I, p. 203.

—— *Loi* relative au timbre. (18 *Février* 1791, *sur décrêt du* 1.ᵉ *Décembre* 1790.) II. p. 392.

—— *Loi* qui exempte divers billets du droit de timbre. (25 *Mai* 1791, *sur décrêt du* 20 *Mai* 1791.) III. p. 213.

—— *Loi* additionnelle à celle du 11 Février 1791, sur le timbre. (17 *Juin* 1791, *sur décrêt du* 10 *Juin* 1791.) III. p. 290.

—— *des pièces produites dans une liquidation. Loi* relative aux pièces nécessaires à la liquidation, que les parties auraient négligé de faire timbrer. (14 *Pluviôse* an 2.) VIII. p. 293.

—— Voy. *Enregistrement.*

Titre. Voy. *Monnaies.*

Titres. Voy. *Domaines* (régie des), *Créances sur l'état* et *Scélles.*

—— *de créances.* Voy. *Créances sur la nation.*

—— *féodaux.* Voy. *Féodalité.*

Titres de noblesse. Loi additionnelle à celle, concernant le brûlement des titres de noblesse, existant dans les dépôts publics. (24 *Juin* 1792, *sur décrêt du* 19 *du même mois.*) V. p. 424.

Titres et qualifications. Loi portant défenses à tout citoyen français, de prendre dans aucun acte, les titres et qualifications supprimés par la constitution. (16 *Octobre* 1791, *sur décrêt du* 27 *Septembre* 1791.) V. p. 82.

Titres de propriété. Voy. *Domaines nationaux.*

Toiles de coton. Voy. *Importation.*

Tonnes. Voy. *Phâres.*

Tourbiéres. Voy. *Estimation.*

Trahison. *Loi* sur la manière de procéder à l'égard des individus qui ont trahi la patrie dans les parties du territoire de la république envahies par l'ennemi. (26 *Frimaire* an 2.) VIII. p. 154.

Traite. (droits de) *Loi* relative à l'exécution du tarif général, des droits de traite. (10 *Juillet* 1791, *sur décrêt du 22 Juin* 1791.) III. p. 370.

—— Voy. *Gomme.*

—— *des esclaves.* *Loi* portant suppréssion des primes, pour la traite des esclaves. (27 *Juillet* 1793.) VII. p. 252.

Traitement. *Loi* relative à une augmentation de traitement, à accorder aux gens de guerre qui entreront en campagne. (29 *Février* 1792, *sur décrêt des* 17 et 27 *Février* 1792.) V p. 280.

—— *Loi* qui fixe le traitement des juges, greffiers et commis greffiers du tribunal d'appel, de police correctionnelle de Paris. (15 *Février* 1793.) VI. p. 419.

—— *Loi* concernant les pensions des profésseurs des colléges, et le traitement des membres des congrégations séculières et autres professeurs. (5 *Mai* 1793.) VII. p. 41.

—— *Loi* qui accorde un supplément de traitement aux éxécuteurs des jugemens criminels. (3 *Frimaire* an 2.) VIII. p. 56.

—— *Loi* qui interdit la faculté de percevoir d'autre traitement que celui attaché à la fontion qu'on exerce. (7 *Floréal* an 2.) VIII. p. 468.

—— *Loi* portant qu'aucun fonctionnaire public, ne peut renoncer à son traitement, (*du* 10 *Floréal* an 2.) VIII. p. 469.

Trai-

Traitement. **Voy.** *Concussion, Eclésiastiques, Forêts* (gardes des), *Militaires, Pensions Religieux, Retraite Tribunaux militaires.*

Traités. *Loi* qui annulle tous traités d'alliance et de commerce passés entre la france et les puissances avec lesquelles elle est en guerre, et défend l'introduction en france, de diverses marchandises étrangères. (1er *Mars* 1793.) VI. p. 434.

—— **Voy.** *Gênes.*

Traitres. **Voy.** *Trahison.*

Transit. *Loi* relative au transit des marchandises de l'étranger à l'étranger, par les département des haut et bas rhin, de la meuse, et de la moselle. (7 *Septembre* 1792.) VI. p. 219.

—— *Loi* qui accorde au département du mont-terrible le transit à l'étranger. (26 *Mai* 1793.) VII. p. 95.

—— *Loi* qui défend le transit de l'étranger à l'étranger, par les départemens du haut et du bas rhin, de la meuse et de la moselle. (24 *Juillet* 1793.) VII. p. 227.

Transport. *Loi* relative au transport des vivres et fourages de l'armée. (24 *Juin* 1792, *sur décrêt du* 18 *du même mois.*) V. p. 423.

—— *de sommes d'or* et *d'argent.* *Loi* relative au transport des sommes en argent, ou en assignats, par les méssageries. (4 *Août* 1792) VI. p. 34.

—— **Voy.** *Postes.*

Travaux. *Proclamation du Roi,* sur les décrêts relatifs aux travaux exécutés dans les arsenaux de la marine. (14 *Octobre* 1790, *sur décrêt du* 7 *du même mois.*) II. p. 10.

—— **Voy.** *Ports.*

—— **Voy.** *Assemblées nationales.*

Trésor public. *Loi* relative à la conservation des saisies, et oppositions formées sur les sommes qui s'acquittent di-

directement au trésor public. (19 *Février* 1792, *sur décret du* 14 *Février* 1792.) V. p. 274.

Trésor public. **Loi** relative aux saisies et oppositions sur le trésor public. (30 *Mai* 1793.) VII. p. 96.

Trésorerie. **Loi** relative à la trésorerie nationale. (13 *Novembre* 1791, *sur décret des* 30 *Juin*, 11 *Juillet* et 16 *Août* 1791.) V. p. 197.

Trésoriers. **Voy.** *Receveurs.*

Triage. **Lettres patentes du Roi,** portant abolition des droits de triage, &c. (26 *Mai* 1790.) I. p. 214.

Tribunal de cassation. **Loi** pour la formation du tribunal de cassation. (1er *Décembre* 1790, *sur décret du* 27 *Novembre précédent.*) II. p. 156.

—— **Voy.** *Cassation.*

—— *criminel.* **Extrait de la loi,** relative à la nomination des membres, du tribunal criminel de Paris, &c. (3 *Juin* 1791, *sur décret du* 2 *Juin* 1791.) III. p. 279.

—— **Voy.** *Tribunaux criminels.*

—— *de commerce.* **Loi** portant établissement d'un tribunal de commerce, dans la ville de Paris. (4 *Février* 1791, *sur décret du* 27 *Janvier.*) II. p. 365.

—— **Voy.** *Tribunaux de commerce.*

—— *de police.* **Loi** relative à la compétence du tribunal de police, municipale de la ville de Paris. (29 *Septembre* 1791, *sur décret du* 21 *Septembre* 1791.) IV. p. 242.

Tribunaux **Voy.** *Emplacemens* et *Vacances.*

—— *consulaires.* **Loi** qui déclare propriétés nationales les biens appartenant aux ci-devant tribunaux consulaires. (4 *Nivôse* an 2.) VIII. p. 185.

—— *criminels.* **Loi** relative aux places de président, et de greffier du tribunal criminel. (12 *Septembre* 1791, *sur décret du* 8 *Juin* 1791.) IV. p. 187.

Tri-

Tribunaux criminels. *Loi* relative aux tribunaux criminels. (18 *Janvier* 1792, *sur décrêt des* 10, 12 et 13 *Janvier* 1792.) V. p. 247.

—— *Loi* contenant organisation des tribunaux criminels militaires. (12 *Mai* 1793.) VII. p. 55.

—— Voy. *Militaires* et *Partage d'opinions.*

—— *de commerce.* *Loi* portant établissement de tribunaux de commerce, dans les villes maritimes où il existait des amirautés. (7 *Janvier* 1791, *sur décrêt du* 31 *Décembre précédent.*) II. p. 330.

—— *Loi* portant qu'il pourra être nommé quatre suppléans dans chaque tribunal de commerce. (16 *Juillet* 1792, *sur décrêt du* 10 *du même mois.*) VI. p. 15.

—— *de district.* —— Voy. *Chancélleries.*

—— *militaires.* *Proclamation du Roi,* sur le décrêt de l'assemblée nationale, qui fixe la compétence des tribunaux militaires, leur organisation, et la manière de procéder devant eux. (29 *Octobre* 1790, *sur décrêt du* 22 *Septembre précédent.*) II. p. 69.

—— *Loi* relative au traitement des officiers des nouveaux tribunaux militaires, à l'organisation d'un pareil tribunal dans l'île de corse, et à la suppression des cours martiales. (16 *Août* 1793.) VII. p. 286.

—— Voy. *Faux témoins.*

Trompette. Voy. *armée* (Police de l').

Type. Voy. *Monnaies.*

U.

Uniforme. *Loi* relative à l'uniforme des officiers généraux de la marine. (16 *Septembre* 1792.) VI. p. 248.

—— Voy. *Gardes nationales* et *Marine.*

Usage. (droits d') *Loi* relative aux droits de chauffage, paturage et usage, qui s'exerçaient dans les bois
et

et autres domaines nationaux. (27 *Mars* 1791, *sur décrêt de l'assemblée nationale, du* 16 *Mars* 1792.) III. p. 48.

Usines. Loi qui ordonne l'éxécution des anciens réglemens de police, relatifs aux usines, ateliers ou fabriques établis dans les villes. (13 *Novembre* 1791, *sur décrêt du* 21 *Septembre* 1791.) V. p. 195.

—— *Loi* relative à la vente des moulins et usines, appartenant à la nation, ou provenus des émigrés. (8 *Avril* 1793.) VII. p. 7.

V.

Vacances. Loi relative aux vacances des tribunaux. (23 *Septembre* 1791, *sur décrêt du* 17 *Septembre* 1791.) IV. p. 235.

—— *Loi* relative aux vacances des tribunaux. (28 *Septembre* 1791, *sur décrêt du* 19 *Septembre* 1791.) IV. p. 240.

—— *des tribunaux.* Voy. *Ere républicaine.*

Vaine pature, quels près en sont exceptés. *Lettres patentes du Roi.* (30 *Juin* 1790.) Ier. p. 245.

Vaisseaux. Loi relative au salut des vaisseaux de la république. (19 *Nivôse* an 2.) VIII. p. 230.

—— Voy. *Approvisionnemens, Combat* et *Prises.*

—— *Etrangers. Passeports,* qu'ils doivent avoir. V. p. 408.

—— Voy. aussi *Ports.*

Vénalité des offices. Voy. *Droits féodaux.*

Vente. Voy. *Bois* et *Créances.*

Vente de biens nationaux. Loi qui prescrit des mesures, relatives à la vente des biens émigrés. (13 *Septembre* 1793.) VII. p. 394.

—— *de meubles. Loi* qui autorise les notaires, greffier et huissiers, à faire les prisées et ventes des meubles, et fixe les prix des vacations. (17 *Septembre* 1793.) VII. p. 401.

Ven-

Vente d'immeubles. Voy. *Emigrés.*

—— (délits dans les) Voy. *Biens nationaux.*

Villes. Loi qui détermine le mode d'apurement, et de jugement des comptes arriérés des villes. (23 *Novembre* 1792.) VI. p. 337.

—— Voy. *Communes* et *Dénomination.*

Villes anséatiques. Voy. *Prises.*

Vin-de ville. Voy. *Employés.*

Vingtième. Voy. *Fermiers.*

Vins. Voy. *Saisie.*

Vivres. Voy. *Armée* et *Transport.*

Vente (sursis à la) des biens des individus, inscrits sur la liste des emigrés. —— Voy. *Inscrits.*

Vêtemens. Voy. *Marins.*

Veuves et enfans (secours aux). Voy. *Défenseurs de l^{a} patrie.*

Viandes salées. Voy. *Exportation.*

Vieillards. Voy. *Secours.*

Village. Voy. *Dénomination.*

Vœux monastiques. Lettres patentes du Roi, relatives aux vœux monastiques. (19 *Février* 1790, *sur décret du 13 du même mois.*) I. p. 106.

Voitures par eau et par terre. Voy. *Coches* et *Messageries.*

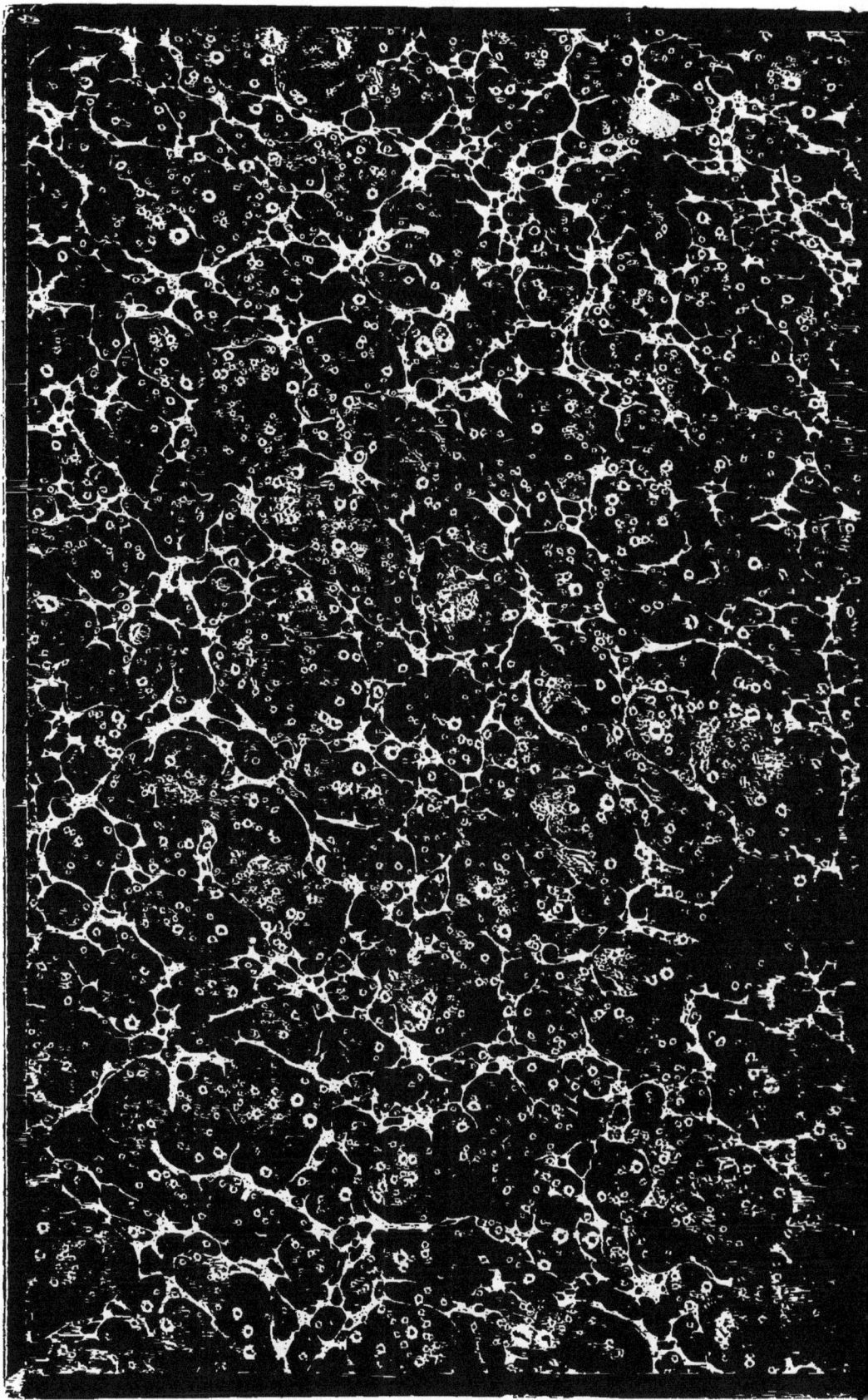

www.ingramcontent.com/pod-product-compliance
Lightning Source LLC
Chambersburg PA
CBHW071758090426
42737CB00012B/1863